U0919965

“十三五”国家重点图书出版规划项目

法学精义

Essentials of Legal Theory

Christoph Möllers

Demokratie-Zumutungen und Versprechen

民主：苛求与承诺

[德] 克里斯托夫·默勒斯 著

赵真 译

清華大學出版社

北京

北京市版权局著作权合同登记号 图字:01-2014-8135
Demokratie-Zumutungen und Versprechen, 9783803125804 by Christoph Möllers, published by Verlag Klaus Wagenbach, © 2009

图书在版编目(CIP)数据

民主:苛求与承诺/(德)克里斯托夫·默勒斯著;赵真译. —北京:清华大学出版社,2017

(法学精义)

ISBN 978-7-302-45212-6

Ⅰ. ①民… Ⅱ. ①克… ②赵… Ⅲ. ①民主-研究 Ⅳ. ①D082

中国版本图书馆 CIP 数据核字(2016)第 234637 号

责任编辑:朱玉霞
封面设计:傅瑞学
责任校对:王凤芝
责任印制:杨 艳

出版发行:清华大学出版社
网 址:http://www.tup.com.cn, http://www.wqbook.com
地 址:北京清华大学学研大厦 A 座 **邮 编**:100084
社 总 机:010-62770175 **邮 购**:010-62786544
投稿与读者服务:010-62776969, c-service@tup.tsinghua.edu.cn
质 量 反 馈:010-62772015, zhiliang@tup.tsinghua.edu.cn

印 装 者:三河市中晟雅豪印务有限公司
经 销:全国新华书店
开 本:140mm×190mm **印张**:5.5 **字 数**:100 千字
版 次:2017 年 4 月第 1 版 **印 次**:2017 年 4 月第 1 次印刷
定 价:39.00 元

产品编号:061562-01

本书翻译获得歌德学院(中国)的资助

特此致谢

献给 Marita Möllers

虽然不安全，但可以自由地居住。*

* 这是《浮士德》第二部第五幕第五场中浮士德的一句台词。参见[德]歌德：《浮士德》，钱春绮译，上海译文出版社 2011 年版，第 535 页。——译者注

作者

克里斯托夫·默勒斯，1969年出生于德国波鸿，1995年获得芝加哥大学法学硕士学位，2000年获得慕尼黑大学法学博士学位。现任柏林洪堡大学公法与法哲学教授、柏林-勃兰登堡科学院院士、柏林-勃兰登堡高等行政法院法官、柏林高等研究院常任研究员。2016年获得德国科研最高奖莱布尼茨奖。曾经代表德国联邦政府、联邦议会两院参与宪法诉讼。主要研究领域为德国宪法、欧洲宪法、比较宪法、媒体规制、公法中民主理论、规范性理论等。代表性著作有《国家作为论证》《三种权力》《规范的可能性》《消失的利维坦——联邦共和国的国家理论》等。

译者

赵真，1984年生，山东人，中央财经大学法学院讲师。2009年获得中国政法大学法学硕士学位，2012年获得中国人民大学法学博士学位，2010年至2012年在柏林洪堡大学访问研究。主要研究领域为公法和国家理论。出版译著《德国基本法：历史与内容》，在《读书》《政法论坛》等刊物发表论文数篇。

目　录

序言

在理解自己时,我们应该更抽象或者更实际地寻找这些条件:我们能做什么,而不是我们来自哪里或者我们由什么构成。

——罗伯特·布兰顿(Robert B. Brandom)[①]

当我打算写一本关于民主的书时,我立刻想到了格言集的形式。就此而言,它应该是一本关注民主本身的书,而不是只关注某个方面的书。如果民主是一个我们所有人都参与其中的秩序,那么,它也应该得到不同于专业学术讨论的对待。它应该成为一本既对民主进行说明又对民主展开讨论的书,是论文和简明教科书的结合体。它应该把读者当成民主的一部分,而不是以民主与

① Robert B. Brandom, Making it Explicit, Cambridge, Mass. 1994, 第4页。Brandom对这句话的借用以及它对于实践哲学的意义,见Jürgen Habermas的评论:Jürgen Habermas, Wahrheit und Rechtfertigung, Frankfurt am Main 2004,第302页。

作者和读者无关的态度来说明(或抱怨)政治。它应该成为一本宣传民主而又不使之理想化的书。因为，民主最大的敌人为了以其设想的民主失灵为乐，所采取的手段就是使之理想化。它应该提醒人们，自由是民主的真正基础，以及这个基础的代价是多么高昂，因为，自由蕴含着冲突与不安全。它应该成为一本便利的书，一本袖珍指南，人们可以从前往后阅读，但不一定要这么做。它应该被简单地编排，用松弛的线绳装订。它应该是一本包含论题和理由的书，人们可以自发地赞同或反对，因为，通过这种方
7 式，读者已经站立于民主之中。它应该对下列问题做出说明：通过民主我们对自己承诺了什么？我们为什么要作出这样的承诺？通过这个承诺我们提出了怎样的苛刻要求？

我的愿望是如此之多，可惜带来的只是这本小书。

8 克里斯托夫·默勒斯

第一章　民主的民主理论

1. 透过民主眼镜看到的政治世界是一幅令人失望的景象。但是，我们不能被这种失望蒙骗。它表达了对政治秩序的过高期望，尤其当我们认识到自由的状态在历史上仍然是例外。对民主的一定程度的不满也属于民主。如果民主设定的标准是不能实现的，在这种情况下就不存在民主。一个自我满足的共同体也根本不需要民主程序，以使自己继续发展。也就是说，民主秩序总是包含一个没有实现的承诺。但是，到什么程度，不满可以成立；到什么程度，它只是错误期待的结果？这是民主理论的一个课题。

2. 民主理论也必须说明民主不是什么。这并不是不言自明的，因为，民主概念被当作政治愿望的投影布（Projektionsfläche)，即使这些愿望与它没有多少关系。就像一般意义上的自由概念，民主概念的特殊难题在于，对于很多东西来说，它是必要的，对于极少的东西来说，它是充分的：没有民主统治，很多东西似乎一开始就不可能，例如所有阶层的政治和社会解放；但是，仅仅借助民主统治，很多东西也无法实现。为了获得更清晰的认识，民主概念需要更为精确的刻画。民主不等于好的政治秩序，在民主中，我们的一些政治愿望与民主原则是矛盾的。所有人都希望在没有民主程序的情况下实施他们的偏好。我们能够在民

主程序上达成一致，因为它对于所有人来说还过得去。在这个程 9
序中决定的东西不属于民主的概念。

3. 民主既是一个极端的概念，也是一个开放的概念。这个关系让人难以理解：极端通常被等同于狭隘，开放则被等同于温和。也就是说，我们要介绍的是一个广阔的领域，它具有容易辨认的边界。在这个边界内，可以发现很多大相径庭但都属于民主的制度：选举或表决的不同形式，赋予国家任务或取消国家任务的各种可能性，国家权力分工的不同变形，多种多样的政党制度，公共事务与私人事务之间可变的边界，等等。如果这些可能性能够追溯到对政治统治的参与，它们就是民主的。我们喜欢以其他理由认定它们的对错，但在这里，它并不取决于此。具有决定意义的是，民主的概念划定了边界，在这个边界内，如何决定存在很多可能性。为了确定这个边界，我们需要民主的极简主义（Minimalismus），一个对民主要求最少的理论，它为选择留下了空间。

4. 对民主的思考不是以民主的形式进行的，但必须尊重民主实践。民主意味着什么？这个问题不是在民主程序中解决的。就像任何对概念的含义的追问，对它的回答可以是专业化的，也可以是大众化的。但是，当理论家关注民主概念，问题就出现了，因为，理论争辩不适用民主标准，它不是投票决定的。因此，一个危险在于，通过界定什么是民主的、什么不是民主的，政治理论获得了统治。最终只有政治理论家知道谁属于“人民”，知道如何查明他们的“意志”吗？这个危险确实存在，但这不能证明对民主理
10 论的反对是成立的。对政治的思考可能具有政治影响。从这个事实不能推出禁止政治思考的结论。相反，民主需要自我反思的空间，这个空间不是民主正当的，在这里不是投票决定的。尽管如此，注意到这些思考在民主授权上的缺失是很重要的。如果民主理论已经意识到这一点，那么，它的重要任务显然在于，使问题保持开放，不提供明确的答案。有些理论以民主的名义提供了一个好的世界秩序。[①] 然而，正如我们将要看到的，它错过了那些在选择性上还过得去的民主概念，也没有完成民主理论的任务。理查德·罗蒂(Richard Rorty)有个著名的说法提到民主对哲学的优先，[②]稍稍修改一下，这里应该是恢复民主对民主理论的优先。

---

① 民主概念丧失轮廓的例子：Otfried Höffe, Demokratie im Zeitalter der Globalisierung, München 1999.

② Richard Rorty, “The Priority of Democracy to Philosophy”，载 Richard Rorty, Objectivity, Relativism, and Truth, Oxford 1991，第 175 页以下。

5. 一本关于民主的书应该能够被所有人理解——如果他们努力的话。如果我们怀疑民主理论的资格(Berechtigung)，那么，我们应该力图以所有人都能理解的方式来表述它。这本书不符合这个理想，尽管它不是学术上的要求。无论如何，文本应该力求自明，也就是说，在读者不通晓民主理论的情况下，文本应该是可读的。如果给予所有人参与民主的机会是民主的一部分，那么，反过来说，所有人也必须愿意关注政治问题与民主。民主假设所有人都有能力评判他们自己的事务，但前提是，我们已经为从事那些我们不太理解甚或根本不理解的事情做好了准备。民主对于想要通过它实行自我统治的人构成了挑战。这同样适用于关于民主的思考。今天，这种解放的理想听起来似乎过时了，
但是，只有民主逝去，它才会消失。 11

6. 如果我们在民主中谈论这个民主，我们谈论的是我们自己。因此，在本书中，“我们”这个形式(Wir-Form)包含着一个民主纲领。民主的复数，“我们”，有时候很难说出来或写出来——这在对民主的观察中是一个有趣的现象。什么时候我们将自己理解为集体同一性(Identität)的一部分？什么时候我们能够坦然地说“我们”？“我们”是民主统治的语法形式。在这个统治中，人

们不能说“政治家”或“国家”，他们也不否认生活在民主中。在民主中，不是他人为我们行为，而是我们自己行为。如果这个形式使读者感到不快，那么，可能是本书的论证或者民主本身使读者感到不快。这两种不快都有助于进一步的思考。

7. 我们不应该在批评民主与证成(Rechtfertigung)民主之间抉择。一个和谐的民主理论应该既能建立民主秩序的标准，又能说明对此标准的偏离也属于民主。最成功的蔑视民主的人为了能够基于其设想的对自己的理想的背叛而抵制民主、助长威权秩序，所采取的手段便是使民主理想化。[①] 在德国的讨论中，恰恰缺少的是，民主是一个规范的概念：我们以民主的名义对自己提出了要求——而且，我们没有放弃这个要求，只是因为我们并不总能满足它。只有理解了这一点，我们才能以这个要求来衡量现实，才能正确评价作为民主一部分的具体情况下的失败。这样看来，只有我们已经理解了民主的规范要求，民主的现实视角才存在。通向民主现实的道路总是经过民主对自己的要求。

---

① 典型的例子是 Carl Schmitt，Die geistesgeschichtliche Lage des heutigen Parlamentarimus，第 2 版，Berlin 1926.

8. 除了书中提到的名字，这本书还受教于下面的作者：首先
是伊曼努尔·康德(Immanuel Kant)和让-雅克·卢梭(Jean- 12
Jacques Rousseau)，平等主义民主理论之父，二者的不同恰恰在于德国被高估了；汉斯·凯尔森(Hans Kelsen)，他始终在思考民主对形式的需要；约翰·杜威(John Dewey)和理查德·罗蒂(Richard Rorty)，他们已经认识到，民主秩序的可变性是它的主要功能之一；还有尚塔尔·墨菲(Chantal Mouffe)，她提醒我们，即使在今天，民主也不能把全部精力都放在基本权利的保护上。

9. 本书的基本观点可以总结为一段话：民主不仅仅是许多同样正确的政治原则中的一个：或者所有的政治偏好都在民主基础上产生，或者我们不选择民主。我们生活在民主秩序中，不是为了解决某些问题，而是因为这以最好的方式表达了我们对自己的理解：作为自由人，我们身处对其他所有人的自由的相互承认中。这个观念是民主的基础，它可以被放弃，但不能被反驳。它是决定的结果，而不是——可能错误的——认识的结果。它是规范性的。哪些前提条件对于民主来说是必要的？这个问题只能民主地决定。民主是一种自由浮动的(freischwebend)统治形式，它必须不断地重建和改变自己的条件。动态性和可变性是民主的主

要功能。为了了解我们想要的民主是什么，我们需要一定的形
式。不存在先于民主的人民意志，民主程序表达了人民意志。民
主的运作不是代表式的（repräsentativ），而是表达式的
（expressiv）。民主通过程序创造民主意志。无统治不是民主的
理想。毋宁说，民主使统治变得明确，由此使统治的正当化
（legitimieren）得以可能。民主同一性，我们的民主的“我们”，并
非产生于可能一直隐含的意见一致，而是产生于将双方联系起来
的明确的冲突。民主以共同行动为目标，即使共同行动是没有保
13 障的。所以，与民主的关系就像与我们的个人自由的关系一样：
我们没有放弃它，只是因为我们碰到了它的边界。面对民主，中
立的现实主义是不存在的，或者换句话说，应该“现实地”接受：只
有带着理想主义，也就是说，只有它的成员理解并希望得到民主，
民主才能运行。正常运行的民主总是带有一些自我实现的预言
（self-fulfilling prophecy）的性质。民主的边界只能从它自身得
出。如果所有人在自由秩序中必须服从自我决定，那么，只有那
种质疑民主的决定才应被立即排除。民主让我们感到不快，是因
为我们对于民主统治的期待是矛盾的以及损害了下列原则：民主
14 统治给予其他人的空间与给予我们的一样多。

第二章　民主承诺

10. 民主名声不好，但没有人愿意放弃其民主平等。在我的大学课堂上，很少有人对民主满怀热忱。相比政治秩序的其他原则，几乎没有听众绝对地喜欢民主。为什么民主应该比法治国、福利、安全或社会公正更重要、更有价值或更为根本？它不只是众多好的政治原则中的一个？根据经验，通过唯一的提示就能消除这些疑问。这就是民主平等。我对学生说："如果我对你们承认存在比民主更重要的政治原则，你们就对我承认我们在政治上不是等值的。"因为，或者是，用其他原则来证成不民主的决定——我们（如教师和学生）在政治问题上就不再是平等的。教师基于经验和学识可以主张更大的政治影响力——最好是双倍的表决权。或者是，所有决定（包括关于安全、福利和正义的决定）必须民主地作出。这样，民主在概念上享有与其他所有原则不同的地位，而且，所有决定是在民主平等的基础上作出的。成员平等既是古希腊古典民主理论的起点，也是革命共和国民主理论的起点。[①] 民主一词在字面上描述了人民的统治。在积极意义

---

① Jochen Bleicken，Die athenische Demokratie，第 4 版，Paderborn 等，1995，第 338 页以下。

上,它指的是一个群体的自我统治或者被统治者的统治。① 如果
群体的成员不希望他治,他们就不能被外在的东西统治。“外在”
意味着,它可能是不属于这个群体的人,如外来的占领者——或 15
者它描述的是非由自己制定的规则,如宗教规则。在这个群体
内,民主共同体的所有成员必须被平等对待,否则,个别成员会遭
受其他成员的他治。

11. 民主将平等与自由联系在一起。平等的自由是民主的起点。因为,如果一个人拥有两票,他就比我多一票——由此,他对我的决定权就比我对他的决定权大。也就是说,我们可以在所有事情上是不平等的,唯独我们的自由除外。因此,在构造政治秩序时,平等与自由之间并不存在矛盾,毋宁是,两者必然相互从属。② 任何对民主平等的限制均导致自由的减损。

---

① Christoph Möllers, “Der Parlamentarische Bundesstaat”, 载 Josef Aulehner 等(编), Föderalismus, Stuttgart 1997, 第 81 页以下(第 97 页), 参见 Hauke Brunkhorst, Solidarität, Frankfurt am Main 1998, 第 98 页。

② 对此的分析:Werner Heun,“Freiheit and Gleichheit”,载 Detlef Mertenl / Hans J. Papier(编), Handbuch der Grundrechte in Deartschland und Europa, Bd. Ⅱ/1, Heidelberg 2006, §34, Rn. 11ff.

12. 民主平等不是平等。民主平等仅仅涉及我们的一个特别的、但非常重要的属性：我们的政治自由。除此之外，我们仍然是不同的，包括以我们的民主自由行事的可能性。例如，对于那些能言善辩或者富有的人而言，利用平等的自由是更为容易的事情。尽管如此，民主在起点上将自己限定为自由的平等。一个人如果希望得到更多的平等，他就挑战了民主，因为，他预先确定了应该民主地决定的东西。平等吞噬了自由。一个极端的例子是卡尔·施米特（Carl Schmitt）。他认为，只有参与者“种类相同”，民主才有可能。因为，只有这样，统一的民主意志才有可能形成。[①] 施米特想用民主平等排除民主内部的矛盾与冲突。的确，冲突经常是由穷人和富人之间或种族之间的不平等造成的。但是，冲突恰恰构成了民主统治的基础。民主意志形成始终需要容
16 纳矛盾的空间。其他平等问题、社会不平等、平等的教育，都应在民主平等的基础上决定。共同体喜欢为自己设定社会平等的目标，而且，为了实现这个目标，它规定了一定的经济政策。只要这两者有争议，就必须民主地决定。在民主中，民主平等优先于所有其他的平等。

---

① Carl Schmitt，Verfassungslehre，Berlin 1928，第 238 页以下。

13. 在民主的起点上，让我们设想一个对平等的自由予以相互承认的承诺。我们为什么应该给自己一个这样的承诺？因为，我们想要生活在共同体中同时又不愿意放弃我们的个性。民主平等使结合成为可能，又排除了不平等的服从关系。民主是不放弃自己的共同体化。在这一点上我们提到承认，因为，民主在体系的起点上必须是民主的，也就是说，必须是自我决定的：被迫的民主是自相矛盾的。因此，我们把平等的自由当作决定的结果，当然，决定也可能得出其他结论。不是道德，也不是宗教迫使我们接受民主，是我们自己选择了民主，选择了一个特定的、绝非普适的或必然的组织统治的形式。人们不一定选择这个形式。我们也能够把我们的民主理解为其他的东西：上帝要求的秩序或道德律要求的秩序。民主组织形式的宗教根源成为思想史上的一个重要话题不是没有原因的。但是，不论民主形式在历史上经历了怎样的发展，它在体系上只能作为我们自己的决定的结果被证立，即使这个动机是不民主的。否则，自我决定的秩序便是他治的结果。

14. 平等的自由来源于民主平等。即使存在事实上的差别，我们承认我们在规范上是平等的——当我们参与民主决定以及

17 当我们处于我们通过民主决定界定和构造的自由领域。对于言论自由的范围，我们必须民主地达成一致。它的范围之所以对于我们所有人是一样的，是因为，我们赋予言论自由适用于所有人的法形式。对权利人不平等的法失去了作为法的特征——它变成了特权。法形式的内在价值就在于自由领域的形式化。[①]

15. 没有自由的意志形成，就没有民主承诺。自由的意志形成是民主承诺的一部分。我们无法得知，我们实际上是否具有使我们能够决定的自由意志。但是，我们希望他人能够像我们具有自由意志那样对待我们。我们承诺也这样对待他人，如果我们承认他们是自由的。[②] 尤其是，这些对于下列问题——我们必须年满多少周岁才能承担责任，我们在驾车时要尽到多少义务——到底意味着什么？对此，我们必须逐个地民主决定。无论如何，对于民主秩序而言，意志自由从来不是一个能够在实验室里发现的事实。毋宁说，意志自由的假设是选择民主的那个决定的一部

---

① Tobias Lieber, Diskursive Vernunft und formelle Gleichheit, Tübingen 2007，第 334 页以下。

② Christoph Möllers，"Willensfreiheit durch Verfassungsrecht"，载 Ernst-Joachim Lampe / Michael Pauen（编），Willensfreiheit und rechtliche Ordnung, Frankfurt am Main 2007。

分,没有这个拟制,民主是不可想象的。我们并未假设一些人——他们其实是具有完全权利的民主秩序的成员——的意志自由,例如儿童或精神病人。我们必须证成这个排除,并不断审视我们是否愿意遵守民主承诺。意志自由在经验上(如通过脑研究)遭遇的质疑越强烈,同时,我们与他者(动物或机器)围绕与众不同的存在者这一地位竞争得越激烈,意志自由的民主方面就越明显。它表达了我们的这一决定:以个体负有责任的方式生活。

16. 通过民主承认,我们假设自己有平等的判断能力。在民主中,不是所有人都同样聪明、受过同样的教育或者具有同样的
经验。但是,如果民主给予了平等的政治决定权,那么,它就假设 18
所有人具有平等地评价自己的事务和公共事务的能力。这种假设不应理解为仁慈地抚平既有的智力差别。正如知识分子在20世纪极权主义中的易受欺骗所表明的,政治判断能力不是一种随着教育或智力的提高而提高的能力。政治判断能力是一项基本能力:能够判断什么对于自己的生活是正确的或重要的以及什么不是。但是,对于我们自己事务的关心是强烈的,也是扭曲的。因为恐惧和成见而放弃论证对于所有人来说是一个诱惑,它与教育和经验无关。由于这个原因,民主通过平等的自由相信所有人

具有平等的判断力。

17. 罪责与刑罚、友爱与团结是民主承诺的一部分。我们仅仅把那些能够因其行为被追究责任的人视为完全的。通过民主决定，我们将行为的后果归责于行为人。罪责概念具有民主根源。这一点不能从经验上反驳。如果我们认为我们的所作所为源自于我们的出身、我们周围的环境、我们的家族史、我们的身体机能，那么，我们不仅会放弃罪责和刑罚，还会放弃民主的自我决定。相反，我们对自己承诺，不把我们还原为我们的身体性(Körperlichkeit)。民主包含了最低限度的友爱，只要有一个人陷于贫困，即仅仅作为身体存在，民主就会终结。[①] 团结不包括对一定生活标准的保障，只包括这个基础：对做决定的能力的认可。

18. 民主承诺需要不断更新。我们对其内容的争论将永无休
19 **止**。与社会契约不同，我们的民主承诺必须不断地更新自己。它并非一劳永逸地证立一个秩序，相对于每代人来说，它必须能够重新生效。民主承诺的内容是我们秩序中的这个部分：它使我们

① 关于民主与团结之间的联系：Hauke Brunkhorst，Solidarität，Frankfurt am Main 1998.

的秩序成其为民主秩序，也就是说，我们不能改变这个部分，但这个秩序仍然是民主的。其他所有的决定都在这个基础上作出。然而，民主承诺的基本内容是什么？由此能得出什么？这些问题将在民主中被持续争论。民主不是停留在一个基础上。它处于不断的运动中，就像一艘在海上被修理的船只。[①] 只要这个秩序尊重平等自由的原则，其他方面都能按照这个原则改变，这个秩序就是民主的。

19. 在实践上，我们从来没有作出民主承诺。民主的产生是不民主的。在历史上，极少有民主是民主地产生的。[②] 民主承诺是一个开头的叙述（Anfangserzählung）、一个故事。我们用它来为自己描述和说明民主秩序是如何实现的以及民主秩序意味着什么。它为我们描绘了一幅图景：我们用民主指称一个建立在自愿义务基础上的秩序，即相互承认为平等的自由人。这个简明的起点有助于我们表述民主的极简主义，即民主统治必需的最低标准。我们将自己限定于这种最低标准，因为，在其他情况下，我们

① 这幅图画出自 Otto Neurath，"Protokollsätze"，载 Erkenntnis 3（1932/33），第 204～214 页（第 206 页）。

② Klaus von Beyme，Die verfassunggebende Gewalt des Volkes，Tühingen 1968.

使民主实践优先于民主理论（参见 4）。在这里，我们希望理解民主在什么地方开始，在什么地方结束，而不是预先规定民主应该做什么决定。当然，也可以为我们的政治秩序考虑其他的开头叙述，并且可能与民主承诺相对立。[1] 这些叙述似乎是可信的，只是没有指引我们走向我们对于民主的理解。为了进一步说明当提
20 到民主时我们指的是什么，我们将不断回到这个开头的叙述。

20. 如果我们出生在民主秩序中，只有我们具有相同的机会改变这个秩序，它对于我们才具有约束力。承诺的特征是，它是自愿缔结的，不能被单方放弃。但是，我们不是自愿出生的，也就是说，我们不是自愿进入民主秩序的。如果我们同意这个秩序，一旦我们能够同意，这个秩序对于我们就是正当的。如果我们只是在总体上而非在细节上（如选择的方式）同意，那么，我们必须具有与其他所有人一样的机会来改变它。如果我们不相信自我决定的可能性，那么，我们按照我们自己的想法什么都做不了。如果我们不想要自我决定的秩序，那么，我们必须有可能离开或改变这个秩序。只要民主向改变开放，我们后代人享有的权利就

---

① Albrecht Koschorke，"Zur Logik kultureller Gründungserzählungen"，载 Zeitschrift für Ideengeschichte（2007），第 2 期，第 5～12 页。

不比参与拟制的、民主的创立承诺的人少。

21. 民主没有承诺无统治。在民主的地方，统治是可见的、明确的。民主承诺使我们服从于我们自己的统治，因为，它包含了与其他人一起生活的决定。如果我们想要生活在民主中，为什么还需要统治？民主不只是对无统治的烦琐表达？自由导致统治“消亡”的著名观点源自于早期的德国观念论(Idealismus)，后来进入马克思主义。今天，我们在后现代的政治理论中，例如在阿甘本(Agamben)[①]那里，还可以发现类似的表述。但是，只要人们以共同体(Vergemeinschaftung)的形式生活，即不独自生活，他们互相服从的可能性就会存在。民主承认这一点，并明确选择了统治。它没有承诺无统治的未来，而只是承诺了特殊的统治形式。它使既有的统治走出那种不平等统治的隐晦与非正式的状况；它
使统治明确、可见，并因此有意识地使统治可改变、可民主化。只 21
有将民主承诺的相互承认全部内化，我们才能放弃统治。这在实践上几乎是不可能的。因为，民主规则提醒我们民主承认在具体

① Giorgio Agamben，Ausnahmezustand，Frankfurt am Main 2004，第 77 页：“总有一天，人类对待法律，就像孩子玩弄报废的东西一样，不是为了重新发挥其流传下来的用途，而是为了最终摆脱它。”

情况下存在于何处。另外，民主规则的内化以再教育计划为前提。对此，无统治的承诺与极权主义的承诺是相似的。

22. 民主没有承诺好的生活。自我决定的共同体以平等的自由为前提，但是，正因为是自我决定，所以，个人和共同体通过自我决定做什么是完全开放的。自我决定可能成功或失败，可能带来富足或贫困，可能得到正义或非正义的秩序——成功和失败的标准本身也服从于自我决定。“宪法仅仅赋予人们追求幸福的权利。你必须自己抓住它。”（本杰明·富兰克林）（Benjamin Franklin）。如果我们不愿意践行这个苛刻的要求，我们会反对民主。如果民主没有承诺好的生活，反过来说，从好的生活也得不出民主正当化。威权秩序也可能存在福利、物质保障或产出，它照顾我们，但不存在我们之间的相互承认。

23. 在民主中，免于统治的自由和依靠统治的自由处于持久的竞争中。对于这个竞争，只有暂时的解决办法。我们在不被他人（其他公民或民主秩序）打扰的地方才自由吗？我们在那里是自由的，这一点实际上是可信的，但是，如果我们选择了民主中的成员身份，如果我们希望在与他人的交往中获益，这个印象就仅

仅包含了一半的真理。如果我为了实现我的自我决定而需要他
人，那么，共同行动扩大了我的自由的范围。如果我只能说话，如 22
果我遵守他人也遵守的规则，这些规则便赋予我交流的自由。[①]民主统治能够使自由成为可能。因为我总是共同体的一部分，所以民主秩序是我的自由的前提条件，它使我有可能扩大我的行为范围。反过来说，民主统治也能够威胁我的自由。在民主中，人们被没收财产或被逮捕。如果我独自站在我的花园中，我可能是自由的。通过与他人建立一个城市，我可能是自由的。通常，这两种自由能够被区分，但不能被分离。如果我独自站在我的花园中，这种自由也是由界定和保护我的财产权的民主规则产生的。与大多数民主统治理论主张的相反，免于统治的自由与依靠统治的自由——换个说法，民主中的个人自由与民主中的民主自由——之间的关系没有明确的解决方案。民主在承认共同体中的个人时制造了这个对立，它的解决必须不断地重新商讨。

---

① Robert B. Brandom, "Freedom and Constraint by Norms", 载 American Philosophical Quarterly 16 (1977), 第 187～196 页。

24. 在民主共同体的事务与我们个人的事务之间存在一个我们能够改变但不能放弃的边界。通过民主承诺，成员们不是融合成一个共同体。他们承诺，互相承认对方是平等自由的个人。这也意味着，他们能够自己处理自己的事务，直到对此作出民主决定。民主共同体能够而且应该界定并特别保护私人领域(Privatheit)的边界，但是，不能因此得出，公共的民主事务和私人的个人事务之间存在绝对的边界。这是因为，每个人对这个边界的起点的界定是不同的，而且，私人的和公共的有时候是分不清
23 的。乍看起来，家庭与性属于私人事务，但是，这份确信并不适用于婚内强奸或虐待儿童。在民主中，公共的与私人的之间的边界是被预设的，也是不断变动的。

25. 我们不必民主地处理我们个人的事务。理论上，所有的问题都能被民主地处理，但有时候，这似乎并不可信。友谊只有在相互承认为平等的基础上才是可以想象的，尽管如此，民主统治既不能使友谊可能，也不能维持友谊。民主统治完全介入整个生活领域会取消自己的事务与政治的事务之间的边界——民主承诺虽然没有固定这个边界，却预设了这个边界(参见 24)。这不能实现民主的理想，只会自取灭亡。“民主化”，共同决定机制的

引入，在很多情况下是可以想象的，但应该区别于民主的政治统治。这种“民主化”不遵守严格平等的条件，它在私人自由的领域内产生：如果一个新教的教区在民主基础上组织起来，一个天主教的教区并未如此，那么，这两个决定都不属于民主统治的范围。它们是一个群体支持或反对民主化的私人决定，超出了民主的范围。但是，如果形成了太多威权的私人领域，就妨碍了民主承认。民主不可能仅仅由这样的人构成：他们在公共领域是平等的，在私人领域却是主人或奴隶。

26. 谁应该属于民主秩序？这需要民主地决定。如果民主承诺应该被理解为一个决定，那么，还需要决定的是，谁属于民主共同体。第一个答案是，所有那些想要参与民主秩序的人以及被其他参与者接纳为参与者的人。在虚拟的情况下，只存在参与民主 24
的人或与民主无关的局外人。在历史上，实际的情况并非如此。毋宁是，外国人也服从于民主，服从于警察与税务官，但不享有民主权利。在这一点上，那个经常饱含批评的观点——民主是通过排除产生的——是正确的，尽管这不是批评。在民主中，像决定其他所有问题一样，我们也必须民主地决定谁归属于民主。但是，这没有给予民主使人们服从的权利。出生于社会中的人和自愿进入这个秩序的人应该区分开来。走进民主秩序的人自己没有权利要求在政治上被这个秩序接纳为成员。所以，公民地位方面的普遍人权是不存在的。但是，如果移民被课予义务，或者如果下代人出生在这个秩序中，不允许他们参与这些规则的决定便不能被证成。如果一个民主秩序长期存在外来人，向他们征税，允许他们长期居留，但不允许他们参与政治决定，那么，逐渐地它不能再满足自己的民主要求。

27. 成员的排除违背了民主承诺。如果被民主秩序接纳需要民主决定，问题就产生了：能否通过民主决定排除成员？不能。其原因在于接纳新成员时给予的民主承诺。接纳新成员不是这个秩序的义务(参见 26)，但是，一旦接纳，这个秩序就给予了一个即使通过民主正当的决定也不能摆脱的承诺。民主决定只能扩大和提高这个民主承诺，但不能取消它(参见 13)。由于这个原
25 因，入籍在民主中通常是可能的，取消国籍只有在特殊情况下才是允许的。如果我有效地接纳了新成员，这并没有减损对其他成员的承认行为，也没有减损对反对接纳的人的承认行为。相反，这个秩序排除了谁，就终止了对谁的承认。民主承诺被违背。

28. 因为最初我们无法给予民主承诺,所以我们有权离开这个民主秩序。如果我们出生在这个秩序中,那么,它必须给予我们离开它(移民)的权利。反过来说,只有我们所有人都有可能离开,我们的居留才有民主价值。

29. 人们可能违背承诺,包括民主承诺。归根结底,民主的终结是因为对它的原则的违反。民主对于平等成员中最弱者所做的,就是对于所有人所做的。但是,民主仍然是一个规范的秩序,一个被违背的承诺。因此,我们必须区分民主的意义和违反民主规则的结果。只要民主没有放弃它自己的要求,那么不民主决定的后果也必须被民主地决定。 26

第三章　民 主 意 志

30. 集体意志的概念是建构的(konstruiert)，个人意志的概念比之更甚。民主意志的概念不仅仅是一个不准确的虚构(Fiktion)？“想要”某个东西的民主的“我们”在哪里？一个批评民主的旧观点认为，民主意志不可能存在。[①] 但是，这个观点中的“存在”指的是什么？“存在”指的是一个可测度的事实吗？如果是的话，个人意志也会陷入困境。[②]因为，我们此时感到，我们的自由也脱离了经验探求的范围。为了民主的实践目的，至少我们应该为自己创造其他的意志概念。如果我们假设，某人能够做出与他已经做出的不同的行为，我们说这就是意志。[③] 这种假设在个人意志的情况下是规则的结果。我们互相假设，我们在不同的方案之间具有选择权，并有可能根据某个理由而非受原因所迫做出选择。我们已经通过民主承诺承认了这个规则(参见 15)。这个规则对于集体意志形成和对于个人意志形成来说没有什么不同。在我们看来，集体意志更不明显、更不直观，因为，它没有与身体联系在一起。民主意志是没有身体的。但是，即使是个人意志，

---

① 一个重要的例子是 Joseph Schumpeter，Capitalism，Socialism，and Democracy，第 1 版，New York 1942.

② 对此的讨论：Michael Pauen，Grundprobleme der Philosophie des Geistes，第 3 版，Frankfurt am Main 2002.

③ Ernst Tugendhat，“Der Begriff der Willensfreitheit”，载 Ernst Tugendhat，Philosophische Aufsätze，Frankfurt am Main 1992，第 334 页以下(第 347 页以下)。

也不取决于身体，而取决于一个特殊的、不能通过身体性予以说
明的功能。民主意志是民主规则的结果。它是一个自由浮动的
建构，民主在其中假设了它自己的前提条件：“我们”约定了我们
的“我们”，“我们”建立了“我们”如何表达“我们的意志”的规则。
集体意志与个人意志都不是自然之物，而是规范的自我理解的结 27
果。[①] 因此，我们并非接受所有体现人的意志的表达。它必须满
足一定的条件：例如，这个人必须是有意识的和清醒的。我们承
认，个人存在意志力弱的情况。民主决定也是如此，[②]例如，程序
规则不被遵守或立法者被一定的利益俘获。[③]

31. 民主意志不是个人份额的集合或反映，而是平等自由的程序形式的结果。如果没有规则规定民主意志应该如何形成，民主意志是不可想象的。像自由平等的决定程序一样，民主意志形成在这里具有许多变形。如果最初的程序能够被民主地改变，那么，这个程序在当时是不是民主决定的就是第二位的。这再次说

---

① Robert B. Brandom, Making it Explicit, Cambridge, Mass. 1994，第 50 页以下；同上，第 270 页，参考了康德。

② 对于民主中的弱意志力这个批评性提示，我要感谢 Jost Dalferth。

③ 这符合哲学上的观点：意志力弱可以理解为只是表达了两个不同的意志。参见 Donald Davidson，“How is Weakness of the Will Possible?”(1969)，载 Donald Davidson，Essays on Actions and Events，第 2 版，Oxford 2001，第 21 页。

明，民主是一个必须创造它自己的前提的自由浮动的秩序。如果程序是确定的，如选举组织法，民主意志就产生了。与之相反，民主意志绝不只是由个人份额的无形式的组合构成的，例如像游行或攻占巴士底狱那样，因为，在这类事件中，无法保证所有人都有机会自由平等地参与决定。

32. 民主意志表达并不是反映已经存在的东西，它表现的是在程序中才产生的东西。民主不是代表式的，而是表达式的。代表概念的背后隐藏着一个想法：对已经存在的东西的反映。至少从理查德·罗蒂开始，我们就不再相信个体只是在头脑中反映外部世界。① 所以，我们不应再相信，民主意志代表了外在于它自己的东西。民主意志不是外部事物的镜像。它是共同实践的表达。它是由我们为民主政治建立的制度产生的。因此，不存在人民——也不存在人民的意志。我们在实践中创造了意志，我们能够将它的作者（我们）称为人民。按照语言哲学的用法，我们应该

① Richard Rorty, Philosophy and the Minor of Nature, Princeton 1981，第 244 页以下。

说表达式民主，而不是代表式民主。[①]

33. 代表民主与直接民主的区分误入歧途。每个民主意志形成都是程序的结果，它是有中介的(vermittelt)，而不是直接的。即使是全民公决，也以程序为前提条件，也就是说，它的运作不是“直接的”。在全民公决中以是或否来回答问题，它必须说明，谁具有向所有人提出这种问题的民主正当性。只要全民公决的决定或议会的决定包含民主平等的原理，追问哪个程序更民主就没有意义。[②] 全民公决的问题并不在于此。与议会或国民会议不同，全民公决不具有使民主意志形成能够持续的制度性场所(参见 38)。在全民公决中，决定在提问题的人和决定问题的人之间分开了。由此，被争论的方案是确定的，参与公决的人对“他们的”决定的影响比议员要小。因此，详细辩论和形成妥协的可能

---

① Christoph Möllers, “Expressive versus repräsentative Demokratie”, 载 Regina Kreide / Andreas Niederberger(编), Internationale Verrechtlichung und Demokratie, Frankfurt am Main 2008。关于表达性的罗马传统：Meyer H. Abrams, The Mirror and the Lamp, New York 1953, 第 70 页以下。对此，见 Charles Taylor, Sources of the Self, Cambridge, Mass. 1989, 第 368 页以下。

② 对立的观点：Ernst-Wolfgang Böckenförde, “Mittelbare / repräsentative Demokratie als eigentliche Form der Demokratie”, 载 Georg Müller(编), Staatsorganisation und Staatsfunktionen im Wandel. Festschrift für Kurt Eichenberger, Basel 等，第 301 页以下。

性被排除了。但是，如果议会的决定形式太烦琐或太自我指涉(selbstbezüglich)，上述反对全民公决的论证也不是绝对的(参见34)。

34. 其他民主程序越不向改变开放，全民公决就越重要。如果民主失去了改变政治方向的能力，全民公决就获得了自己的必
29 要性。由于政党的成就或长期联合选举无法带来政府轮替，例如在拜仁州或瑞士，就是这种情况。

35. 没有可执行的形式，没有民主的法，就没有民主意志。只有参与平等得到保障，民主意志才能产生。因此，它需要可执行的平等规则，也就是法秩序。康德认为，没有法的形式，没有保证我们参与民主的权利，就不可能有自我决定。法是民主的形式，它被民主地制定，并保证民主标准被遵守。①

36. 对民主意志形成的质量期望过高是对民主平等的挑战。我们应该如何看待我们个人对于民主意志形成的贡献？这在民

---

① Oliver Gerstenberg, Bürgerrechte und deliberative Demokratie, Frankfurt am Main 1997，第27页以下。

主理论中争议很大。如果作为个人的我们具有确定的意志，具有
不可改变的固定偏好，那么，民主意志只是我们的个别意志的总
和吗[①]——或者，就民主意志形成来说，共同之物一定是由辩论、
观点的交流构成的吗？[②] 这里不打算回答这个问题。对于我们的
目标来说，下面的思考已经足够：如果我们对民主意志形成的共
同性提出过高的要求，如果我们期望真正的相互理解或者观点交
流达到特别的程度，那么，我们就在质疑民主平等。民主程序提
供了平等的决定权。[③] 我们必须有机会介绍我们的立场并使之被
其他人了解。因此，言论自由和媒体自由对于民主而言非常重
要。但是，在民主意志形成不失去其开放性的情况下，能够存在
的仅仅是辩论的机会，它不能被强迫。如果我们对于民主意志的
想象过于苛刻，那么，这能够被用来反对平等参与的基本准则，其
根据是，虽然所有人都有可能参与争论，但是，由于高标准的争论 30
实际上并未发生，所以我们不能承认这个决定是民主的。这个极
不民主的论证对于在法国和荷兰举行的欧洲公决影响很大。事

① 偏好之集合无权主张它是代表式的，对于这个问题，见 Kenneth J. Arrow, “A Difficulty in the Concept of Social Welfare” (1950)，载 Kenneth J. Arrow, Social Choice and Justice, Cambridge, Mass. 1983，第 1 页。

② 简短、易懂的说明：Jon Elster, “Introduction”, 载 Jon Elster（编），Deliberative Democracy, Cambridge 1998，第 1 页以下（第 5 页以下）。

③ 这个论证在一定程度上是民主理论的。

后人们认为，它们根本不是“真正”民主地进行的。[①] 相反，将民主意志形成仅仅理解为个人的固定偏好自动得到的总和是不可信的。我的政治偏好产生于这样的程序：它向我提出了一定的意志形成的要求，例如通过一定的政党制度，我必须照此行动，即使我想要改变它。在民主政治中，纯粹的私人领域——我在其中制定出我的完全个人性的政治愿望清单——是不存在的，我的愿望总是在面对一定的程序和言论状况时形成的。

37. 意见一致不是民主的理想。特别(qualifiziert)多数的意志并不比简单多数的意志更民主。因为，简单多数(51∶49)的决定提高了所有人成为多数的一分子的机会。民主正当化建立在它自己永远可变的基础上，尤其是因为，我们总是出生在这样的秩序中：相对于我们，它的正当化仅仅在于我们能够改变它。这一点不支持意见一致。意见一致是无统治的理想，而不是民主统治的理想(参见 21)。如果每个人都有否决权，就没有发展的前景了。如果所有人都有否决权，就不再需要民主共同体。因此，意

---

① 一个合理的反对观点：Ulrich Haltern，“Die EU ist in keiner Sackgasse: Plädoyer für ein Nachdenken über das Intergrationsziel”，载 Neue Zürcher Zeitung，2005 年 6 月 10 日，第 6 页。

见一致的决定不是一个仅仅由于现实原因而不能实现的最终目
标。此外，意见一致的要求迫使所有人调整他们自己的想法，而
非在寻求多数的辩论中使之明确。在表决中被多数打败的人已
经表达了他们的不同意见，在具有了多数决定的经验以后，他们 31
能够在下次决定时记起它。在意见一致的情况下，人们则失去了
学习的机会。[①] 特别多数决定也可以做类似的论证，至少，它并不
当然比一票多数的决定更为民主。只有我们有可能改变这个秩
序，我们才能从民主决定的结果中学习。我们不希望被民主决定
改变的仅仅是民主承诺的内容。为此，我们用难以修改的宪法形
式将它确定下来(参见 96)。

38. 民主意志形成需要场所。如果所有问题都能被民主决定，那么，这需要一个场所，使民主意志形成得以汇集并以决定结束。这个场所就是所有公民或其代表的会议。公民会议、市民大会是民主最简单的场所。但是，如果民主达到一定的规模，达到一定的参与人数，这样的结构就不能胜任了。我们必须将代表派遣到所有人的代表能够会面的地方，我们必须选举我们的常任代

---

① 基本的文献：Nicolas Rescher，Pluralism，Oxford 1993，第 64 页以下。

表。议会就是这样的代表机构。它不应被理解为一个人口太多的秩序的权宜之计。相比人民集会(Volksversammlung),议会具有更好的机会创造和保存经验。与全民公决(Volksabstimmung)不同,议会给予民主意志形成的时间较长。我们能够诉诸议会,希望有所收获,表述期望,激起反应,从而给民主意志形成一个合理的出场机会。

39. 民主妥协不是二流的决定。民主决定通常是政党之间、派系(Flügel)之间或阵营之间的妥协。这不是缺陷,妥协并不是
32 “坏事”。如果存在“纯粹的”政治决定这样的东西,结论则相反。但是,就像我们会考虑不同的需求和理由,如果我们做决定,我们不能从民主决定那里期望纯粹政治意志的表达。每个妥协背后还有其他东西。每个政党方针都是由矛盾的立场构成,等等。要求无妥协的民主决定所遵循的是纯粹政治意志这个威权的虚构。

40. 民粹主义(Populismus)要求表达那些没有民主形式的民主意志。应该区别而不是分离民粹主义与民主。[①] 只有在所有成

① Ernesto Laclau, On Populist Reason, London 2007, 第 157 页以下。

员都被给予平等的政治参与机会的程序中，民主意志才会产生。没有程序的形式，就没有意志。公众的意见偏离议会多数，人们为了抗议民主意志的决定走上街头；报纸刊文反对，民主决定不被大众欢迎。这些肯定都发生过。所有这些表达都不属于民主意志。我们无法保证多数在这里表达意见。我们不具有能以这种表达做成决定的程序。尽管有强烈的反对印象，沉默的多数可能还是支持有争议的政治决定。或许，组织良好的少数已经控制了公众的感觉。尽管有这些质疑，上述事件对于民主来说并不是不重要。它们具有无民主形式的民主意义。它们能够为民主决定做准备。如果某些事件没有被民主的程序形式认可，但能够使人相信它是政治多数所期望的，我们就能够说它具有民主意义。民主意义是对民粹主义的中性表达。民主中总是存在两样东西：一个是形式化的民主意志，另一个是民粹主义的意义。只有前者
有权要求正当化。但是，同样清楚的是，民主由要求民主意义但 33
不遵守民主形式的民粹主义运动产生。对于民主意志形成来说，并不存在一个规则指示它应该如何处理与民粹主义的关系。听从舆论(Stimmung)可能是美德，而依赖街头抗议可能是恶习。害怕公众并不总是民主的功能。富兰克林·罗斯福(Franklin Roosevelt)加入第二次世界大战是民主正当的，但不受大众欢迎，

最终却是正确的。有民主正当性但不受大众欢迎的还包括托尼·布莱尔(Tony Blair)加入伊拉克战争。

41. 民粹主义抗议包含双重的不明确：我们不知道它是不是民主的；我们不知道它想要什么。民主形式不仅保证参与者的平等自由，而且保证民主表达的明确性。对于游行或抗议，我们无法清楚地说出，这个意见表达是不是民主地实现的——也无法清楚地说出，它到底想要什么。为了知道它到底想要什么，我们创造了民主形式：表决规则、选举法、公开义务(Veröffentlichungspflicht)。在这里，法是一种使含义清楚并尽可能明确的手段。民粹主义的意志表达——如果有的话——仅仅在否定的意义上是明确的：呼喊"我们是人民"的人以民主来反对威权体制。他是否民主地表达了这个意思，只有当新秩序从抗议中产生后才能知道。

42. 民主形式也无法保证民主意志的明确性。所以，放弃选择的含义总是模糊的，选择结果的含义也总是模糊的。某个选择结果是什么"意思"，总是一个有争议的问题。但是，形式确定了实际发生了什么：议会换届，总理选举，法律通过。民主形式留下的不明确使民粹主义的表达、抗议或媒体运动有了用武之地。这

些似乎可以当作解释民主意志的辅助工具。这里存在一个困境： 34
一方面，人们没有认识到这个解释的辅助工具其实应该予以抛弃；另一方面，这个民主意义发挥作用不是按照民主平等的标准，而是按照非正式权力的分布。如果按照民意调查进行统治，就会提出这样的问题：为什么还应该选择？为什么让具有民主意志形成周期的民主程序比民意测验占用更多的时间？这同样也适用于对选择的参与：高度动员可能表达了不满意以及满意。对一切都满意的人必然与放弃参与并着手制造炸弹的人一样少地走向选择。为什么在具体情况下选择很少发生？想知道答案的人必须超越民主形式。

43. 1936 年的德国是由压倒性多数支持的民粹主义秩序，而不是民主。在 1936 年的德国，种族主义的极权统治背后矗立着一个压倒性的多数。由此能否得出反对民主的论证？不能。因为，1936 年的德国是民粹主义的，而不是民主的：它不存在民主意志得以表达的形式化程序。这不是学术上的吹毛求疵。让我们假设，社会民主党（SPD）和中央党（Zentrum）在 1933 年以后能够使竞选不受干扰。正如国家社会主义在 1936 年的表现，这恰恰是不可想象的。另外，国家社会主义建立在成员被大量排除的基础上。这两者都违背了民主承诺(参见7)。即使民众支持独裁，它也并不因此是民主的。这个论断非常重要，因为，被广泛接受的威权秩序常常被用来反对民主或支持对民主的限制。在当代的中国和俄罗斯，即使多数人支持其体制，如果没有民主程序，它
35 也不会成为民主。

44. 公民社会建立了民主，虽然它不是民主的。1989年前后，中欧和东欧建立了民主体制，公民社会(Civil Society)的概念得到了发展。[1] 它描述了这样的结构：站在民主一边，就社会主义向民主的过渡进行协商，如环保组织、教会、工会等。由于不存在民主规则，所以也不存在民主代表。为了建立没有暴力革命的民主规则，公民社会的代表进行协商。他们是勇敢的自由代言人，但他们因此就是民主的吗？有趣的是，公民社会或者——糟糕的翻译——Zivilgesellschaft这个表达在民主理论中幸存下来，并逐渐进入日常用语。但是，参与政治的群体在正常的民主中所具有的正当化与在从威权秩序向民主秩序的过渡中是完全不同的。他们只是代表了一定的利益，例如工业社团或职

[1] Klaus von Beyme, Systemwechsel in Osteuropa, Frankfurt am Main 1994, 第108页以及第116、117页。

业说客。

尽管如此，如果说公民社会的概念如此重要，那么，这有两个理由：一个较好的理由和一个较差的理由。较差的是一个不太民主的观点，即对政治参与的奖赏；相比未参与的多数，参与的群体有权要求在政治意志形成时得到特别的考虑。但是，人们不能通过参与，扩大他们的民主平等，从而成为普遍的不平等。在讨论非政府组织时，我们会再次回到这个错误的观点（参见 139）。对于公民社会的概念，较好的理由在于这样一个观点：正常的民主不只是由在民主过程中单独表达意见的孤立的个人构成的。那是法国革命的想法，它禁止建立政治团体。自托克维尔（Tocqueville）以来，我们知道，民主在社会中运行，社会成员也在其他关系中共同组织与联系在一起，例如社团、教会和协会。[1] 但 36
是，这种结构对于民主的意义无法改变这一点：对于民主来说重要的组织并不因此是民主正当的。

45. 民主要为社会大众提供空间。平等的民主承诺只与自由有关。但是，如果相互之间的交往限于一定的群体身份，那么，对

---

① Alexis de Tocqueville, über die Demokratie in America (1835)，第二卷，第二部分，第五章。

他人的承认总是面临着危险。同质的群体走向极端化，它放弃了生活方式的多样性，在认知与道德上被窄化。① 它使其群体同一性一般化，从而丧失了对于关涉所有人的民主承认的感知。不同年龄、性别、社会出身的人会面的场所很重要，但并不多见。这种场所不一定是政治性的。它应该跨越通常的交往边界。这种场所在哪里？一个是人民党，它不仅仅由学者、农民或生态学家组成。另一个是教会。由于这个原因，公立学校对于民主来说是很重要的，当然足球场也是。如果我们为自己建立了这种场所并时常造访，这就是以民主为目标的民主自我教育的非强制(zwanglos)形式。

46. 无形式的权力不能被民主化。权力的行使不只是规范以及规范实施的问题。权力能够通过教育，通过心理常态的确定，或者通过习惯被内化。权力不一定向我们行使，但我们可能已经被侵害，因为它已经在我们内心起作用。这个由于米歇尔・福柯

① Cass R. Sunstein, "Deliberative Trouble? Why Groups Go to Extremes", 载 The Yale Law Journal 110 (2000) 1, 第 71～119 页(第 85 页以下)。

(Michel Foucault)而变得流行的观点如今常常被讨论。[①] 但是，
就民主而言，从这个观点可以得出什么？一个可能的结论在于使
权力行使的那些隐蔽的、无形式的形式也实现民主化。如果我们
被教育的过程、规范化的过程、禁止违规的过程主宰，如果这些关
系比法律规则更持久地统治我们的生活，那么，它们就需要正当 37
化。许多现代的理论家得出了这个结论，并援引了福柯。[②] 但在
这里，民主化所指的总是无统治。关系和教育的无统治形式得到
了宣传。但是，无统治是一个潜在的极权主义承诺(参见21)。而
且，民主只有在统治可见且明确的地方才是可能的。所以，人们
只有两个选择：或者使权力行使形式化，例如，通过对学校或专科
医院进行民主监督；或者保留私人权力行使的非正式性，它不能
被民主化——它与民主统治的关系是矛盾的，因为，它既威胁民
主统治，又使之得以可能(参见24、25)。

① 权力国际化的想法在 Norbert Elias 那里非常明确：Norbert Elias，über den Prozess der Zivilisation (1969)，第1卷，Frankfurt am Main 1989，第65页以下。不仅仅是从权力享有而是从服从准备来思考权力。这个观点见 David Hume，"On the First of Principles of Government" (1741)，载 David Hume，Political Essays，Oxford 1994，第16页以下(第16页)。

② 例如 Sonja Buckel，Subjektivierung und Kohäsion，Weilerswist 2007，第316页以下。

47. 民主意志形成有赖于不民主的公共领域——也受其威胁。民主意志有赖于不民主的公共领域：通过说客和媒体，我们互相了解，了解我们的不同观点。只有有可能了解这些，我们才能作出民主决定。没有这个自由，就没有民主意志形成。然而，这个自由恰恰不是民主地设定的。我们没有课予报纸义务，使其报道时考虑政治上恰当与否；我们没有课予工会义务，使其也代表雇主的利益；或者，我们课予企业义务，使其顾及市场竞争的要求。这些都是国有化的形式，它们会剥夺我们继续发展我们的民主意志形成的机会。但是，这无法改变这一点：开放的言论环境可能是对民主的威胁，因为，它将社会的不平等带入了民主决定。与普通个人相比，媒体垄断者、强大的社团或“有影响力的”圈子对舆论形成具有更大的力量。它们能够在平等的条件下施展不平等的力量。对于民主而言，它们的民主化是自我毁灭（参见
38 24）。一些手段至少能够缓解这种问题：监督媒体的竞争或者建立像英国广播公司（BBC）那样在政治上独立的公共媒体。但是，非正式性的困境仍然存在。没有干预与有干预一样危险。

48. 民主的公开性既是它的优点，也是它的缺点。丑闻体现了民主的优点。透明与公开是民主国家的理想。透明在道德上

的优点在于使错误公开。这个优点很快成为缺点。因为，只有公开的东西才能被谴责——其他社会领域因此能够如此容易地贬低政治意见形成或政治人物的乏善可陈。学者、企业家和艺术家并不是以同样的方式公开地工作。他们的难堪与愚笨仍然是不公开的。

49. 纲领是比人更差的民主意志形成的乘数(Multiplikator)。我们经常听到对政治人格化的不满：被选择的仅仅是人，而不是纲领。但是，这到底差在哪里？政党在所有民主中不太受欢迎，这是不公正的。为了汇聚民主意志的形成，我们需要政党，它像全能的非政府组织一样发挥作用。它的民主功能在于，权衡政治的方方面面并尽力在纲领上将它们联系在一起。尽管如此，我们还是难以完全接受政党。我们在它身上看到的首先是对权力的执迷与对冲突的热衷。政党代表了民主意志形成的自我指涉，在这里，职位不是依其本身安排的，而要考虑反对者。我们能够认同某个人，而且，这种认同不一定是非理性的，也不一定是非政治的。通过人，我们获得了接触纲领的机会。另外，一个确定的纲领在被选择后必须予以实施的想法既不现实，也不讲政治。
相反，对人的评价一定是一种理性的能力。知人之明，预估某人 39

在一定情况下如何行为，在政治上意义重大。这个能力的运用可以不与纲领对立，因为，我们选择某些政治家是因为他在纲领上坚守原则，选择某些政治家是因为他的实用主义。如果我们不会经常弄错一个人大概的政治倾向，支持一个人的决定可能也是反对太纲领性的行为的决定。

50. 在我们看来，代表远离其选民，独立于其政党。人们可能认为，相反的情况或许更好，但这个印象是骗人的。按照《基本法》的规定，代表“只服从于自己的良心”。这使代表摆脱了选民及其政党的指示。然而，自由授权的关键不在于使代表摆脱非正式的影响，而在于使其担负起责任。始终是他做的，这是他的决定，他希望这样，他不能把它推给向他发号施令的人。代表的独立性是其责任的前提，也是他能够有意义地与其他代表交流的条件。如果他在形成意见时没有保持开放态度，他就没有必要进入议会与他人讨论。尽管如此，代表并非不受政党和党团的约束：某个代表被其他党员威胁，被要求投票支持他在政治上不同意的军事行动。如果他坚持自己的信念，他可能不再被提名——这有问题吗？使他承受压力是不民主的吗？就像始终是代表在决定，这是他的决定——逼迫他的力量并不是不民主的。如果多数希望达成决定，如果他们不对代表施加压力，他们就无法完成其民主任务——做成决定。无论我们的代表如何决定，他的决定将表达对他来说更为重要的东西：多数的完整性或一定的结果。两者 40
都值得尊重，它们的被迫而为在民主中不是问题。

51. 政党和代表应该了解社会，并与社会保持距离。民主意志形成必须了解社会的一切，同时与它保持距离。在理想状况下，做出涉及所有人的决定应该距离所有人同样远近，没有一种利益应该比其他利益更重要。政党和代表开展工作和参与竞选需要信息和金钱。所以，谁给予他们信息和金钱，谁就比其他人更有优势。一人一票的民主平等被掏空了。非正式性的困境在这里也出现了（参见 46）。因为，如果国家开始通过禁止私人向政党捐献以及课予代表公开其收入的义务来禁止这个影响，那么，它或者令政治囊中羞涩，或者使政治国有化：政治失去了收入来源，变得依赖国家。政党和代表应该是两个相互联系的领域，适用于它们的统一规则不可能存在。既不能把代表当成国家公务员，也不能把他当成普通公民。既不能把政党当成没有任何支持的私人团体，也不能把它当成在预算中占有一席之地的国家机关。这个困境在许多国家导致了矛盾的、迅速变化的规则。在这里，唯一重要的是，理解这个根本问题，以免陷入对民主制的腐败的错误抱怨。这种问题在民主中——不平等的社会在平等的条件下自己组织起来——或者被更好地处理，或者被更坏地处理，它是不可避免的。

52. 民主意志形成的周期可能太长，也可能太短。民主意志形成的时间周期应该是怎样的？一个最常见的反对民主实践的
41 观点提到选择和表决很少发生。我们之所以投票，是为了接下来几年在政治上保持缄默。这个反对意见值得认真对待，因为，民主程序是按照改变来设计的(参见 20)，不能长久地等待改变的到来。但是，这个反对意见也可以反过来。持续地启动民主意志形成，也就是说，为了使这个秩序更加民主，每天都进行选择，这是可以想象的吗？至少，存在实践上的反对意见。毋宁是，我们在个人意志形成那里发现的问题又出现了。对某些问题不断重新决定的人绝不会被视为意志功能良好的人——倒不如说，持续重新决定的人是意志薄弱的人。他的决定似乎太依赖外部情况。如果是“我们”表决或选择，也没有什么不同。如果我们很少选择，政治过程就独立于我们的参与，它就失去了它的民主正当化。如果我们太频繁地选择，我们的决定就变得仓促，因为，我们的标

准总是限定在下一次选择，而且，我们既没有时间形成意见，也没有机会评价上一次选择的结果。但是，如果意志形成以与决定相关的行为的结果为导向，那么，民主意志形成适用比个人意志形成更长的时间标准。对于民主循环的时间长短，什么是正确的周期？对此，不存在一般性的答案。如果决定太紧迫，这表明，需要延长民主周期，从而使民主意志形成更完善。使之完善是指，有机会获得某个决定的结果的印象，并从中得出下一次民主决定的结论。

53. 意志取代理性(Sit pro ratione voluntas)。[1] 在民主中，意志取代理性。这个原则适用于民主秩序，后者假定其成员具有意志自由和判断力(参见 15、16)，但没有对其理性提出进一步的要
求。在民主决定中，这涉及好的理由或者自由的决定(本来意义 42
上的任意)？关于理性与自由的哲学讨论从未处理过理性与任意之间如此直接的对立。自由——例如在康德那里——应该表现为，尽管有其他需求，自由人能够作出理性的决定：理性不是自由的对立面，而是自由的表征。[2] 因此，我们有能力有根据地做决

① Juvenal, Satiren，第 6 篇，第 223 页。

② Immanuel Kant, Grundlegung zur Metaphysik der Sitten (1785)，第一章。

定，这被理解为民主承诺的一部分。但是，在这个理性可能的假设之外，始终不变的是，民主决定获得其正当化仅仅是因为这个决定是在自由平等的条件下作出的。因此，在民主中，两个内容上完全矛盾的决定都有权要求被承认。如果某个选择由于形式原因被宣布无效，经过重新选择在没有争论的情况下得出了与之前不同的结论，那么，第二个结果而不是第一个结果具有民主正当性。

54. 好的理由不产生民主正当化。在新近的民主理论中，从决定的合理性推出它的民主正当化的观点是很流行的。它可以用下面的想法来论证：一群人聚在一起，就一定的主题交流意见。参与者不能只关注其赤裸裸的利益，而必须考虑他人的论证。如果通过好的理由，所有人都被最好的方案说服，那么，决定在意见一致中作出。如果他们已经就这个方式达成一致，那么，这个决定应该被认为是正确的，而且应该享有民主正当化。对于这种意见一致，不论是否可能存在与好的理由不同的原因，不论这种一致的要求是否导致参与者之间不平等的权力分配被人利用（参见37），正像人们有时所认为的，为什么这样的决定应该约束其他
43 人，其原因是完全不清楚的。或者，参与者因为其他理由而具有

民主正当化，例如他是被选出的；或者，他们能够做想做的事情，他们将无法获得民主正当化。相反，从理性推出民主具有排除的效果：那些没有能力参与争论并证成自己的人将被排除。因此，民主程序变成了一种理性人的思想实验。国际官僚制(Bürokratie)的代言人尤其喜欢用这种理论为自己谋得正当化，这并不让人感到意外(参见148)。[①]

55. 反过来说，民主决定对合理性的推测是有限的。因为，决定者的民主平等权带来了产生合理性的程序：对不同利益的包容，对事实的描述以及为了获致多数而进行证立与说明的必要性，所有这些机制都允许开放的、有修正能力的认识过程。但是，这几乎不能适用于意见一致的决定，这种决定不能回应与之不符的经验，并使与之不同的观点变得不明确(参见37)。在民主的改变能力上，实用主义者如约翰·杜威(John Dewey)强调民主有利于认识的一面，即民主实验主义的可能性。[②] 也就是说，民主意志并不当然是不理性的或者理性的反面——这在民主理论中亦有

---

① Ann-Marie Slaughter, A New World Order, Princeton 2004.

② Hauke Brunkhorst(编),Demokratischer Experimentalismus, Frankfurt am Main 1998.

提及。[①] 尽管如此，民主和理性之间的联系还是很薄弱，而且可能被民主政治的决断逻辑所遮蔽。

56. 民主需要真理不可把握的观念。如果一个陈述的事实真理性对于我们而言是不可把握的，我们就不能对它进行表决。因此，民主与相对主义的密切关系经常被提及，而且，无论支持民主还是反对民主的观点都曾援引这一点。[②] 想要将绝对真理放逐到
44 彼岸世界的那些人在相对主义那里看到了民主的优势：它提供了透明的程序，以查明能够形成多数的“相对真理”。由于这个原因，实用主义理论支持民主的政府形式。[③] 相反，认为陈述的真理性不可把握的人在民主程序中排除了陈述的真理性问题。[④] “真

---

① 强调民主意志和理性之间的对立尤其可见于施米特，也见于他的后现代读者尚塔尔·墨菲或 Ernesto Laclau.

② Hans Kelsen，Vom Wesen und Wert der Demokratie，第 2 版，Tübingen 1929，第 98 页以下。关于这个讨论，见 Oliver Lepsius，“Staatstheorie und Demokratiebegriff in der Weimarer Republik”，载 Christoph Gusy（编），Demokratisches Denken in der Weimarer Republik，Baden-Baden 2000，第 366 页。

③ John Dewey，The Public and Its Problems（1927），Athens，Ohio 1954，第 75 页以下。也可参见 Bruno Latour，Politiques de la Nature，Paris 2004. 关于议会程序的认知可能性，见 Oliver Lepsius，“Die erkenntnistheoretische Notwendigkeit des Parlamentarismus”，载 Martin Bertschi 等（编），Demokratie und Freiheit，Stuttgart 1999，第 123 页。

④ 对实用主义真理理论的批评，只有 Wolfgang Künne，Conceptions of Truth，Oxford 2003，第 393 页以下。

理是约定的结果"这个观点对于民主而言是一个危险的诱惑。承认一定的事物独立于我们——就像它们存在的样子——符合对真理的日常理解，这种理解在政治上不断得到认可：伊拉克大规模杀伤性武器或气候变化问题不以政治的前理解（Vorverständnis）来解决，尽管它们在政治上是高度重要的。它们将在客观上以真或假予以回答。也就是说，相对主义与民主的关系是交织在一起的：如果能被修正的民主程序的客观外表是不存在的，那么，民主向修正和改变开放就没有任何意义。民主秩序的特征是，它能够以不受自己控制的事实为方向或转而以此为方向。它为自己设定了标准，但也必须始终能够使头脑接触外部世界。事实查明的完全民主化对于民主体制而言或许是一个危险的想法，人们会把它与奥威尔的真理部分而非乐观的建构主义联系起来。因此，民主需要开放的知识生产领域。[1] 民主只能保护它对于世界的敏感性，如果它在组织上倒退：虽然为知识生产（从大学到秘密警察）规定了外部边界，但没有规定搜索策略与结果。

---

① 两个建立在完全不同的理论基础上的论证：Friedrich A. V. Hayek，"The Use of Knowledge in Society"，载 American Economic Review 35 (1945)，第 519～530 页，以及 Niklas Luhmann，Grundrechte als Institution，第 1 版，Berlin 1965。

57. 专家的反对意见——民主在没有能力的情况下也会作出决定——恰恰表明了专家在民主上的无能为力。因为，如果在民主中决定的事情涉及所有人，与专家保持距离就很重要。专家只
45 知道他自己的专门问题，但是，需要决定的是所有问题，而且，某个专门问题的决定会阻碍或拖延其他问题的解决。民主业余主义(Dilettantismus)产生于与专业主义的必要距离，后者总是只考虑一定的利益和方面。当然，这个距离也可能导致错误的决定。这种错误或许带来了灾难；或许没有带来灾难，而其他政治秩序也不会发生这样的灾难。某个问题在政治上争议很大而在科学上没有争议的情况是极为少见的，更为常见的情况是，专家被证明是错的或易受骗的：这包括知识分子在20世纪极权主义中可疑的作用以及气象学家和国民经济学家预测的质量。有能力的专制是一个不美好的梦想，它的失败不是因为民主实际上的有限智慧，而是因为其他政治秩序的一成不变以及专业知识的模糊与矛盾。

58. 民主能否解决问题不是一个有意义的问题，因为，从它的答案中无法得到什么。这个问题背后隐藏的是颇为流行的对民主的厌恶，但这没有使这个问题变得正确。据说，在最好的世界中，拥有民主秩序是正确的，但对于我们的世界来说，这无法成

功。民主规则对于复杂的世界来说太过简单，民主程序对于重要
的决定来说太过烦琐，民主意志形成太过艰难、无从了解。这可
能是全部的抱怨了。但实际上，这个陈述是否比“对于生存来说
人类还不够聪明”这种一般的陈述更有内容呢？我们可以怀疑民
主“解决问题的能力”，谁会为粗略地指出几百个没有被民主解决
的问题而感到困难？因此，只要我们不了解其他能够更好地解决
问题的政治秩序形式，能说的就不多。现在，可以这样反驳这个
异议：它证成的只是现状，因为，即使在威权体制中，也是一些问 46
题得到解决，一些问题仍然存在。但是，有决定意义的是，通常我
们不仅对如何解决问题意见不一，而且对什么时候可以认为问题
已经解决也意见不一——如果我们大体上已经就问题的所在达
成一致。也就是说，为了获得有关政治秩序“解决问题的能力”的
可靠看法，由于这个知识的参数（问题与解决方案的确定）在政治
上总是充满争议，我们知道的还不够多？看起来是这样——对于
充斥着未解决问题的世界，这是支持还是反对其中的民主部分？
支持。因为，我们进入民主不是为了以任意一种方式解决问题，
而是为了在平等自由的条件下解决问题。每个人都可以在政治
上反对这个想法。但是，抱怨民主缺乏解决问题的能力是空洞
的，因为，它缺少经验的或比较的立足点。

第四章　民主同一性

59. 民主地做决定的人具有民主同一性。对于选举决定，我们说它是人民的决定，我们能够给予它一个专门的称呼“德国人的”，因而能够给予同一性。这种同一性可能在城市与国家之间重叠，我们可以在不同的程序中表达它，例如，同一个公民参与选举总统，在选区选举议会的一院，在成员州选举议会的另一院。如果民主意志是形式化的程序的结果（参见 30 以下），那么，为了获得民主决定，仅仅建立程序是不够的。参与者必须承认彼此是共同体的一部分，愿意通过这个共同体进行共同决定。这是我们在上文通过民主承诺的公式所假设的；但是，这在实践上是一个要求苛刻的假设。如果存在共同决定的意愿，我们就能够说民主同一性。如果不存在这种意愿，我们的程序就没有被接受。一个例子是欧洲议会，它是民主选举的，但只是非常有限地表达了民主同一性（参见 125）。民主同一性表现了一个希望共同进行民主决定的自由平等的集体所具有的特征。民主同一性不是由程序建立的，也不是不能改变的。

60. 从统一的人民推出民主同一性是一个循环论证。社会的同质性不一定带来民主同一性。巴基斯坦比印度更为同质化。

巴基斯坦不是民主，而印度是。[①] 一个社会之所以没有形成民主
同一性，是因为，它在种族、宗教或社会方面联系紧密。社会差别 48
能够使在开放的民主程序中和谐相处变得必要，而同质的社会继续以前民主的(vordemokratisch)手段实现它。[②] 从“人民”的存在推出民主同一性是一个循环论证：有民主的地方，就有“人民”，例如在印度、瑞士。但是，我们只是从民主程序的运行上认识到人民。反过来说，社会联系紧密的人群可能不具有民主宪法。[③] 所以，民主同一性最好理解为问题感知的共同性。在民主的决定关系中，我们肯定不是完全相同的，对于政治问题的看法也是不一样的。当然，我们必须形成一个我们在其中辩论并进行决定的共同关系。如果这个框架丧失了共同性，如果大量成员不再遵守民主框架或明确转向其他东西，民主同一性就流失了。

61. 民主同一性能够在不同的对象上客观化。对宪法、国旗或对足球队的崇敬原则上并不矛盾。在有些人看来，一个模糊，

---

① 感谢 Sunil Khilnani 的提示。

② 这种对同质性的期望在理论上的落后，见 Gertrude Lübbe-Wolff, “Homogenes Volk-über Homogenitätspostulate und Integration ”，载 Zeitschrift für Ausländerrecht und Ausländerpolitik 27 (2007)，第 121～127 页。

③ 对这种标准的批评，见 Hermann Heller, Staatslehre (1934)，第 6 版(修订版)，Tübingen 1983，第 156 页以下。

另一个要求高，在有些人看来，一个是人为的，另一个是真实的。但是，这些描述对于民主来说没有什么价值。民主没有为如何在象征上表达自己划定边界。人们可能会说，宪法可以是民主的，而足球队不能；假如人们恰恰喜欢他们的国家队，如果人们生活在专制之下，这就是一个反驳。在民主中，球队恰恰代表了民主的国家。因为制度而非国家象征热爱自己的秩序是一个苛刻的
49 要求。但是，一方面，这两者根本不能分离，另一方面，民主没有赋予这个要求以特权。民主假设了我们的理性，但它并不要求我们为我们自己的政治认同的形式提供理由(参见53)。当然，在民主中，是否拒绝所有这些象征性认同的形式取决于我们自己的决定。

62. 在民主中，有文化的地方就应该有政治。1989年之后，我们重新感受到文化的政治意义。① 流传下来的民族的和宗教的同一性会重新界定全球冲突的主线。最近几年的发展似乎证明了这个预测，尤其当人们同意下面这个可疑的命题：西方文化和

① 这里的“文化”应该理解为亨廷顿(Samuel Huntington)强调为“文明”的东西，但他也没有令人信服地界定它，见 Samuel Huntington, “The Crash of Civilizations?”，载 Foreign Affairs 72 (1993) 3，第22～49页。

伊斯兰文化之间充满了斗争。这个观察在民主理论上可以翻译为:由于文化之间存在潜在的对立,所以不同的文化无法形成共同的民主同一性。如果德国建立在基督教——最近的说法是犹太基督教——文化的基础上,那么,其他文化在德国民主中只能成为有限的部分。类似的论证在世界各地也都适用:印度的印度教徒,美国、伊斯兰国家的白人基督徒或者以色列的东正教犹太人。

文化概念的这种用法既是相对主义的,又是原教旨主义的(fundemantalistisch)。[①] 说它是相对主义的,是因为,它否定了不同文化的共同性,把人权或民主当成地方性现象。说它是原教旨主义的,是因为,文化在这个观念中是不可分割的,像赫尔德(Herder)所说的,是单体,而且不能被有意识地改变。即使民主不是普适的形式,但它向每个想要民主的人开放。相反,文化概念从我们自己的民主决定中排除了下面这个政治问题:我们以什么方式获得集体同一性。通过把人还原为他们的传统,[②]文化的

---

① Christoph Möllers, "Pluralität der Kulturen als Herausforderung an das Verfassungsrecht?", 载 H. Dreier / E. Hilgendorf(编), Kultur im Recht, Beiheft zum Archiv für Rechts- u. Sozialphilosophie 2008.

② 对它的批评,见 Amartya Sen, Identity and Violence, New York 2006, 第18页以下,第149页以下。

概念对于我们的个人自由也有同样的影响。“文化”成为命运。然而，明确的文化认同几乎是不可能的。在寻找明确的文化传统
50 时，人们总会碰到含义模糊、混杂和蓄意编造的情况。[1] 实际上，文化政治的同一性能够被制造，如通过侮辱和歧视少数人。如此产生的同一性是政治决定的结果，而非所设想的明确的文化传统的结果。在这里，使统治明确这一必要性也适用于民主。我们能够确立共同生活的规范：规定归化需要的语言知识，界定宗教活动的边界，例如公立学校中教师和学生的着装。但在民主中，这些规范是在民主上负有责任的规则，所有人都应该予以遵守。它们不应被一个假定其他规则不可能的文化概念所抬高。

63. “多元文化”描述了任何民主都存在的正常问题，与其说这个描述解决了这个问题，不如说它加剧了这个问题。在民主中，我们承认，我们是平等自由的以及在其他方面我们是不同的(参见 12)。因此，在民主中，生活形式的多样化不是特殊的东西，而是不言自明的。在这个背景下，人们最好避免使用文化的概念。文化原教旨主义者和文化多元主义者犯了同样的错误：将集

① Eric Hobsbawm 和 Terence Ranger (编), The Invention of Tradition, Cambridge 1992.

体同一性绝对化，随之而来的结果或者是无条件地适应，或者是根本不适应。在这种背景下，它在实践上几乎总是涉及对群体的特别规定：他们能否在一定的区域自我管理，在选举时他们是否应该获得特别的投票权。文化多元主义者为强化群体的特殊要求而辩护。[①] 但是，如果太过极端，他们就退回到古典自由的标准。这体现于少数人中少数人的地位，它不能以多元文化来说明：对于在居民区被虐待的妇女而言，这个居民区“特殊的”文化权利是对其保护的终点。在这里，唯一令人信服的标准是妇女个体超越——虐待她的或包庇虐待的——群体自我决定的自由。 51
与之相反的观点经常把民主平等绝对化，希望绝对地排除所有的群体权利。但是，我们必须清楚，每个民主都规定了群体的特殊权利，但并没有因此说到文化的多样性：从税金扣除到建筑许可。我们应该小心这些例外，因为这里存在以特殊权利将区隔固定下来的危险。但是，我们不应该用与其他特殊权利不同的标准来衡量“文化的”特殊权利。这种特殊权利的目标不在于更多的特殊权利，而是特殊权利变得多余的状况。[②] 如果群体所要求的是所

① James Tully, Strange Multiplicity, Cambridge 1995，第 99 页以下。

② Karl Max, Zur Judenfrage (1844), Marx-Engels Werke, Berlin 1976，第 347 页。

有人都承认的权利，如修建教堂，那么，它涉及的不再是文化多元，而是普遍权利不言自明的实现。

64. 人们由冲突认识整合过程。只要从少数人那里听不到什么，他们就已经退场了。人们喜欢说“相似社会”（Parallelgesellschaft），它不一定是坏东西。只要所有人都遵守一般规则，没有什么反对一些人脱离公共生活。如果他们转向公共生活，他们的不同才被感知。由于安全的原因，他们被保留了权利，这导致了冲突。“整合”的要求绝不是没有问题的，[①]民主必须总是忍受分裂，分裂是自由秩序的一部分。尽管如此，如果人们希望整合，就必须重新分配自由的领域。

65. 民主同一性并不必然是无宗教的。是不是无宗教的，首先取决于多数人的宗教是什么。民主的概念并不必然包含宗教与国家的分离——但包含平等自由的承诺（参见 13）。由于这个原因，新的少数派宗教也有权获得多数派宗教的权利。民主国家

---

① 对整合概念的批评，见 Ulrich Haltern，“Integration als Mythos-Zur überforderung des Bundesverfassungsgerichts”，载 Jahrbuch des öffentlichen Rechts der Gegenwart N. F. Bd. 45 (1997)，第 31～88 页。

与宗教之间的距离越近，平等自由的组织就越复杂，因为，新的宗教必须在零距离的情况下建立，它们必须获得学校的宗教课程或征税权。

66. 我们要维持“左”与“右”的区分。民主共同性有赖于对立。两极冲突创造了民主同一性。对于那些没有人意识到或没有人感兴趣的问题，才有意见一致。民主同一性产生于冲突。因此，对于民主同一性来说，左与右的区分并不过时，即使它喜欢为自己填充新的内容或在某些问题上交换立场。它表现了民主的持久冲突，没有这个冲突，就不可能有意志形成和决定。[①] 假装政治中间派或超越党派以破坏这个区分在政治上或许是聪明的。但是，这既没有说明民主如何运行，又没有促进民主的运行。因为，援引中间派或专家的非政治的政策否认了我们在民主中必须对冲突做决定，因而否认了自由的重要条件：行为选择的存在。做决定的不是我们，而是中间派援引的现实必然性(Sachzwang)。但是，现实必然性的假设是极端化的。它对民主冲突之外的反应——象征性煽动或恐怖主义——构成了挑战。与之相反，两极

---

① Chantal Mouffe, The Democratic Paradox, London 2000，第80页以下。

的区分，如左与右的区分，在所有模糊之处指明了行为范围。根据冲突方案的共同性，我们构造了民主同一性。我们将政治对手视为同一个决定共同体的一部分。我们创造了对立的共同性。如果我们放弃了对立，也就失去了这个共同性。

67. 经过决定的意见分歧比未经决定的意见一致创造了更多的正当化。在民主辩论中，人们有机会表达立场，使立场得以理
53 解，继续发展立场甚至证立立场。政治上的意见一致并不需要这些。但是，某个状况能够要求正当化的条件是，有意识地对其作出了决定。现在，不是所有的东西都能被决定，对于许多问题来说，隐含的意见一致是一个好的解决办法。但是，在有些情况下，意见一致导致政治关注不足。一个例子是德国的欧洲政策。在德国政治中，对于欧洲一体化，从来没有过真正的争论。所有阵营原则上都表示赞成。所以，即使面对一体化的大跨步，如《马斯特里赫特条约》，也很少有辩论产生。在联邦共和国中，保守派传统上属于亲欧洲派，左派传统上是国际化的。由此可知，在德国我们从来没有在下列问题上取得相互理解：我们为什么支持欧洲化，我们希望从欧洲化得到什么。由此还知道，我们对于欧洲的制度了解太少。或许，欧洲一体化有好的理由和更好的利益。但

是，由于缺少民主辩论，我们从来没有机会认识这些。所以，欧洲一体化在德国仍然是一种自然事件，对它的认同从长远来看毋宁还是一个偶然状况。只有反对意见得到了清楚的表达，人们才能信任这种状况。 54

第五章　民 主 行 为

68. 民主正当化针对的是行为，是对世界的改变。 民主必须设置停顿。[①] 民主决定体现在对习惯与连续性的打断。选择行为代表了这种打断的可能性。在民主中，反转方向、纠正自己、使事物改变，不仅是可能的，而且是必要的。如果我们选择制度或议决问题，那么，这些活动应该带来使事物改变的行为。如果不是这样，就没有民主的自我统治，只有继续以民主形式伪装的秩序。

69. 在事实的连续性上，民主似乎经常提供的是象征性改变。 象征性的选择（如政党与人之间、左与右之间）被突显，事实上的区别在我们看来似乎很少实现。许多东西保持不变，对于那些改变的东西，其原因是不确定的；至少，它们似乎并不是民主决定的结果。但是，单是这个流行的印象无法证立反对民主统治的论证。因为，很明显，在大的社会中，改变的发生是很烦琐的，而且难以认识，此外还需要时间。如果一部法律颁布一年后，所有人都说这个决定“没有成效”，那么，问题出在对民主行为的期待上。由此虽然无法得出民主决定一定具有预期的结果，但确定的是，
55 我们应该就我们对结果的期待作出解释。

① Hannah Adrendt, Was ist Politik?, München 1993，第 48 页以下。

70. 民主政治必须说明在哪里它不能行动。民主政治的突出问题在于，人们希望从它那里能够获得所有的反应。这使它不得不成为象征性行为，成为人人皆知但没有结果的“法律的强化”。我们最好承认，不是每个问题都能被解决。只有看到这一点，我们有限的期望才能保护我们免于无限的失望。“9・11”能够防止吗？或者，它的逻辑是，恐怖分子的反应该被考虑，让很多事物（如美国的情报组织）保持不变会更好？[①] 抵抗民粹主义（参见40）的方法或许在于，公开指出有限的行为可能，并承认在有些事件过后是无能为力的。这个承认非常少见，因为在辩论中这个结论是糟糕的。它没有提供任何帮助，但这并不能改变它的正确性。

71. 民主决定的结果总是有争议的。我们能够怎样干预世界，什么时候我们能够把世界的改变理解为由我们引起？这些问题对于集体行为而言比之个人行为更难以回答。在民主中，决定和效果之间的关系复杂而又混乱。多数通过民主决定战胜少数，然而，少数的反对并没有随着民主决定的作出而终结。民主决定

① 对于这个论点，一个好的理由见 Richard A. Posner, Preventing Surprise Attacks. Intelligence Reform in the Wake of 9/11, Lanham, Md. 2005.

的效果如何仍然是有争议的。因此，保持客观性的资源对于民主意志形成来说是非常重要的(参见56)。希望客观地评价政治决定的效果，“法律效果评估”，在认识理论与民主理论上是幼稚的。[①]它在民主辩论的核心——在这里问题到底是什么可能已经是有争议的——承载了对客观性的期待。像个人行为一样，我们
56 在这里也必须忍受我们与世界的关系的不确定。这要求，我们在寄望于民主决定时要谦逊、谨慎。如果奏效，我们应该感到惊喜。

72. 法律不产生因果作用，但它改变意义。议会是行动的吗？议会的法律不就是意思表示吗？议会通过法律颁布禁令，世界没有因此而改变。如果我们禁止有组织的犯罪，无论西西里岛还是曼海姆都不会有太大改观。尽管如此，法律也不只是一堆单词。法律并不是作为原因起作用，它改变意义。按照分析哲学的说法，我们可以把它的作用称为“施为的”(performativ)：例如既是文本又是行为的其他活动；又如婚礼上的“我愿意”，借此，由于已成立的婚姻，一个新的事实在制度世界中产生了。[②] 法律是规范。

---

① 实践经验也表明了这一点：Peter Blum，Wege zu besserer Gesetzgebung，Gutachten Ⅰ，65. Deutscher Juristentag，München 2004，1.

② John Searle，The Construction of Social Reality，New York 1995，第31页以下。

它的目标在于改变世界，但是，它改变世界的方式并不取决于它被遵守。在法律被公布之前，它或许已经为人们所遵守。如果它没有被遵守，它仍然是存在的。法律改变行为的意义。因此，德国立法者禁止谋杀和杀人，不是要将它们清除，毋宁是表明了民主共同体鄙视谋杀并追究谋杀者的责任。如果我们已经对惩罚谋杀达成一致，谋杀的意义对于作为民主共同体的我们来说就改变了。单是这样并不能让我们满意，为此，我们需要规定在民主上负有责任的措施来防止犯罪。但是，只有我们民主地反对谋杀，这些措施才是可想象的。民主共同体的反对在法律中是首要的与行为有关的内容。

73. 民主行为是由确定民主责任并使手段合法化的规范产生的。我们通过法律来确定对阻止谋杀负有责任的人。这有两个 57
前提条件：第一，在民主程序中，这些人必须对这个任务负有责任；第二，他们必须被赋予实现其责任的能力，例如通过获得逮捕某人的权利。所以，我们需要依靠使结果发生的民主规则的帮助。当然在这里，很多东西仍然是不确定的。在民主中，不存在禁止结果发生的自动机制。继续有人被杀害。不清楚的还包括，对于这个责任来说，什么制裁在什么情况下是适当的。什么是监督公务员和警察的正确规则？什么时候人们能够表达不服从？一般的真理无法回答这些问题。在有经验以后，人们应该民主地确定并继续发展一些标准。但在这里，民主行为的运行也是规范的：通过分配责任以及使手段合法化，一定的效果变得更有可能实现，但不保证实现。

74. 只有可以行动的机关才应该有民主正当化。民主正当化证立了这个期望：民主地行为。正当化与行为力必须一致。在行为不确定而有非正式影响的地方，民主统治是不可见的，因此也是不负责任的。如果在立宪君主制中国家首脑不是民主正当的，它虽然不是——典型意义上——民主的，但在制度上非常聪明。在德意志第二帝国时期，帝国议会(Reichstag)具有很大的政治影响力，但并不统治，因为，帝国总理并不依赖帝国议会。这是帝国议会的弱点，但同时便利的是，人们能够反对，但不承担责任。魏玛共和国的议会制对此心有余悸。① 如果没有可负责任的行为
58 力，非正式的影响便是民主的恶习。

---

① Michael Stürmer, Koalition und Opposition in der Weimarer Republik 1924—1928, Düsseldorf 1967.

75. 因此，总统不应由人民选举。民主正当化应该归属于负责任的行为，不应归属于不明确的政治影响(参见 74)。直接选举的联邦总统所能做的并不比今天所能做的更多，但是，他会被鼓励更多地参与决定，而对于参与决定的结果不承担民主责任。他还是不能颁布法律和命令。他的行为在对此负责的其他机关的行为中才有效。在这种情况下，民主的自我决定不会增长，因为，自我决定的实际可能性既不会增加，也不会变强，但是，民主意志形成会因为不承担责任的部分而扩大。

76. 民主行为倾向于自我指涉。民主决定的象征与实现它的技术之间存在矛盾。即使什么也做不了，民主行为还是被人们所期待(参见 70)。这是从结果——或者不是无可争议的，或者后来作为被希望的东西出现——出发所观察到的(参见 71)。这种矛盾导致了象征的行为，导致了这样的措施：它诱发了它所不具有的结果，或者它以只有在政治过程中才能获得价值的结果为导向：一个政党之所以反对一个措施，只是因为另一个政党支持它。一个任何人都不希望的决定作出了，为的是不损害公开对此承诺的主管部长。相反，为检察机关配备更多的人员或者改组民政部门可能会产生重要的影响，尽管这种决定只有很少的象征价值。

但是，只有在象征上重要的决定才有民主关注——它是紧缺的——的前景，因为，它必须解决所有的问题。民主意志形成的逻辑有时候会导致没有影响的决定。意志形成与行为纠缠在一
59 起。因为这属于结构问题，所以将它归咎于“政治家们”是没有意义的。除了用心观察，其他做法都不值得推荐。

77. 民主是否行动得太快，或者是否行动得太慢，是一个开放的问题。一方面，民主似乎决定得太慢，它的程序被认为很慢（参见 52）。另一方面，选举周期造就了迅速决定的刺激。因此，我们讨论持久的决定（参见 78）。矛盾在我们的期望中再次出现：对于不同的问题提出不同的时间观。整代人可能会错过决定带来的好处，而所有后代人将享有这一切：在社会基金（Sozialkassen）的改革中，今天的人们付出，他们的孩子从中受益。一些国家，如中国和巴西，希望在没有劳动或环境保护规则予以限制的情况下度过经济现代化。这些规则是在欧洲国家已经现代化之后才被创造的。民主意志形成的固定节奏无法反映错综复杂的情况。但是，这可以用来谈论我们自己的人生。无论关系多么复杂，我们想要得到一个成功的人生。我们将世界的复杂性还原为——至

少只要我们没有隐居寺庙——我们自己的人生周期。[①]

78. 为了解决民主的时间问题，“持久的决定”不过是个理念。近年来，持久的决定在国际法和一些国家的法秩序中被宣传。如果我们今天欠债或污染空气，我们就限制了所有后代的行为可能。为了避免这一点，我们必须将这个结果考虑进我们的决定。我们必须考虑未来。这提出了许多问题：一代人总是需要管理前人行为的结果吗？我们能否或者可否只是为了我们自己而不是 60
为了根本还不存在的人做决定？为了依从未来，我们现在是否已经摆脱了对传统的依从？这真的是一个新的决定模式，抑或只是我们相信从未来知道的比从过去知道得更多？但是，主要的问题还不是这些。持久的决定这一理念只是反对太仓促的决定，而不反对所认为的太慢的决定。换句话说，为了能够在一定程度上可靠地把握一个行为跨越世代的结果，决定必须非常谨慎，因此会非常缓慢。但是，民主被不同的时间问题困扰，它的行为可能太快，也可能太慢；可能太仓促，也可能太长久（参见 77）。有时候，例如在救灾时，在对原因和结果没有太多认识的情况下，必须立

---

① 就此，只有 Hans Blumenberg，Lebenszeit und Weltzeit，第 2 版，Frankfurt am Main 2001.

即解决问题。决定周期的弹性似乎比对持久性的合理要求更正确。人们实现它的手段不过是民主过程将遵循其他时间节奏的程序分离出去。例如，在许多国家，独立的中央银行不在立法机关的会期内行动。但是，即使对于这种分离，我们也必须民主地决定。我们并没有完全摆脱民主期限的不充裕。

79. 社会的民主化也触碰了民主行为的边界。民主地组织的公共事务和私人事务之间的边界在民主中并不是固定的，但是，社会的完全民主化会摧毁民主(参见 24)。社会是一个不平等和存在统治的领域，它常常与民主的理想相矛盾。在这里，承认这个矛盾难以化解似乎是必要的：一方面，民主统治不能倒退如此之多，以至于它把大部分成员都留在不平等的私人统治的条件
61 下；另一方面，民主秩序与私人自我决定之间的边界也不能取消。人们在关于正确的经济政策的斗争中看到了这有多么难以对付。民主理论对经济政策的讨论不能像它的许多理论家所希望的那样多。无论如何，对经济的规制不仅触碰了自由的规范边界，而且触碰了事实边界。市场的某些能力在民主程序中是不能模
62 拟的。

第六章　三种民主权力

80. 权力分立通过民主行为促成民主意志形成。在民主中，所有机关必须是民主正当的，但是，它们不能做同样的事情。因此，民主也需要权力分立。权力分立最初是用来保护社会的自由免于全能统治的专政。但是，在民主条件下，这个威胁在哪里？人民主权不是民主统一体——它会被权力分立所干扰——对自己的良善专政吗？即使是今天，不同的民主国家还在区分三种权力：立法权、执行权和司法权。为什么？第一个答案在于民主意志形成和民主行为之间的关系。意志和行为的区分是对立法机关和行政机关的旧描述。[①] 议会作为人的集会，能够作出一般决定，但无法解决所有的个别问题，它能够确定规范，但不能为了实施它们而走进世界，它能够安排主要机关的人员，但不可能聘用每一个为国家服务的人。议会总归要与世界保持距离(参见 51)。意志、行为和对行为的监督表达了立法机关、行政机关和司法机关的分工。也就是说，在民主中，权力分工不是服务于防止专政，而是服务于决定和执行决定之间的分工。这样看来，它所涉及的与其说是权力的分离，不如说是权力的区分。[②]

---

① 例如 Jean-Jacques Rousseau，Du Contrat Social (1762)，第 3 卷、第 1 章；Immanuel Kant，Die Metaphysik der Sitten (1797)，Rechtslehre，第 45、46 节。

② Carl Schmitt，Verfassungslehre，Berlin 1928，第 186 页。

**81. 权力分立使依靠统治的自由与免于统治的自由之间的冲
突保持开放**。权力分立的第二个原因在于依靠统治的自由和免 63
于统治的自由在民主中的开放关系(参见 23)。[①] 议会表达了依靠统治的自由。议会通过法律界定自由的范围、权利和义务。法院代表了免于统治的自由,它负责实现个人针对民主正当的机关或针对他人的请求。在立法程序中,所有利益都应该有表达的机会。在司法程序中,一个人的请求在完全特定的情况下被个别地审查,由政治上独立的机关裁决。谁拥有更多的权力,议会还是法院?这个问题在这种安排中没有被提出来。议会先决定,法院后决定。议会以抽象的形式决定所有人的事务,法院以具体的形式决定个别人的事务。议会的最高权并不存在,法院的全能的最终决定权也不存在。

82. 民主有多种权力分立的形式。我们比较一下美国和德国的政府制度。决定性的区别在于,哪些权力是被选举的。在所有的秩序中,议会是被选举的,在很多秩序中,如美国或法国,行政机关的首脑也是被选举的,在有些秩序中,如美国的州,法官和检

① Christoph Möllers, Die drei Gewalten, Weilerswist 2008, 第 2 章。

察官也是被选举的。乍看起来，民主地选举所有权力似乎是最民主的方案。但是，民主正当化不只是通过选举获得。此外，还要思考的是，如果不同的权力在不同的选举中被创造，它们就获得了相互独立的民主正当化。所有权力都能够诉诸人民，以人民的名义相互制约。这就产生了民主意志的多样性。如果只是议会由人民选举，议会委任政府，那么，这个在政治上同步的多数就很少遭遇反对。民主决定很容易作出，也很容易执行。在美国宪法中，意志的多样性是有意为之的结果。[①] 只有在不同的选举中产
64 生的不同权力能够达成一致，国家才会行动。这个制度上的区别表明了民主秩序是更害怕统治导致不自由，还是更害怕民主统治的缺失导致不自由。在民主意志形成如此多样的地方，如美国，民主统治应该是私人自我决定的例外。

83. 事实上，实行统治的不仅仅是人？总理，总统，包括他们的班子？在大部分民主的宪法秩序中，政府在政治上似乎比议会更为强大。这个印象是否正确，就像对权力(Macht)的衡量一样难以检验。但是，有些人不认可这个印象的正确性。首先，单个

---

① The Federalist Papers，第 57 章(1788 年 2 月 19 日)，James Madison.

的人在小的层级组织中总是比在大的层级组织中平分到更多权力。所以，政府首脑总是比代表强大。但是，这并不意味着，代表不如部门主管强大，整个议会不如政府首脑强大。其次，当权力具有不同的任务时，人们对权力的感知是不同的：与实施规则和执行个别决定相比，制定规则——正如议会所为，它可能影响极大，但耗时长，且难以决定（参见71、72）——是一个不可把握(greifbar)的权力形式。最后，在许多体制中，行政机关在实践上也参与立法。它起草法律。在代议制民主中，这并不违背权力分立，也不是不民主的。政府与议会多数站在同样的政治立场上，行政机关以议会的方针为方向。在代议制中，政府与议会多数构成一个整体，它的权力分配与总统制是不同的。在总统制中，单独评价议会的权力是很容易的。如果法律与行政机关对应于意
志与行为（参见80），主张行为比意志更强大便没有意义。权力从 65
议会转移出去虽然是一个颇为流行的命题，但历史地看，它并不能被证明。[①]

① Peter Lindseth, "The Paradox of Parliamentary Supremacy: Delegation, Democracy, and Dictatorship in Germany and France, 1920s—1950s", 载 The Yale Law Journal 113 (2004), 第1341～1415页。

84. 在民主中，根据政党政治安排行政机关的人员是必要之恶。在一个存在两党，“右”与“左”的国家，右派在十二年后再次掌握权力。在如此长的时间之后，部里的大部分公务员都同情“左派”。如果新的女部长不能使扈从进入该部门，她就不能制定“右派”的政策——她当时是因为这一政策被选择的。这是不民主的。由此无法得出，部里的每个职位都应该重新安排以及她可以使家族的朋友成为门卫。但是，女部长能够指示其“左派”公务员这一点还远远不够。她需要其他人的支持，她需要组织中的盟友，至少是官僚制上层——这里是政策产生而不是政策执行的地方——的盟友。有些人抱怨说，行政机关太过政治化，这种抱怨来源于在德国颇有影响的君主制神话：无党派但有权能的公务员，他们不是在政治上而是在业务上适当地（“正确地”）行为。马克斯·韦伯（Max Weber）曾撰文反对这个观点，[①]但它直到今天还存在，尤其是在部里的公务员中。这个看法仅仅对于适用规则但不制定规则的下层行政机关是正确的。在那里，以政党政治安排人员是个祸患。但在这里，我们也必须注意到我们的期待是矛

① Max Weber，“Regierung und Parlament im neugeordneten Deutschland”(1918)，载 Max Weber，Gesammelte Politische Schriften，第 5 版，Tübingen 1988，第 306 页以下。

盾的：公务员越少地终生在行政机关工作，他们越多地满足灵活性和迅速解决问题的理想，那么，整个行政机关就越容易走向党派政治化。

85. 如果行政机关做决定，这是否远离了民主？一条街上的居民想要自己决定所有与之有关的事务。某个州的眼科医生也是如此。但是，决定者是当局。当局适用法律，这些法律是在相距甚远的议会中，在业务上也有相当距离的情况下制定的。不应 66
该让当事人参与决定吗？这个问题已经有很多讨论。[1] 毫无疑问，必须给予当事人表达其立场的机会。这不仅有利于当事人的权利，而且有利于行政机关的信息状况。如果当事人应该参与决定，问题就产生了：如果街道的居民或眼科医生做决定，他们决定的就不只是他们自己的事务。如果一条街上的居民反对建筑项目，那么，另一条街上的交通就变得更加吵闹。如果眼科医生管理其许可，他会排斥其他医生或作出涉及患者的决定。在人口众多的复杂社会，民主实际上离行政机关的决定很远，但是，这个距离是一项成就（参见 51）。远离公民有时候好过接近公民。但是，

① 例如，见 Alfons Bora，Differenzierung und Inklusion，Baden-Baden 1999.

如果夸大这个论证，它对于完全的中央集权化会是一种笼统的证成。一个解决办法是，划分联邦的民主决定与地方的民主决定(参见 113)，而非只让那些与决定直接相关的人来决定。

86. 公主体与私人不应该在一个共同的组织中行为。哪些问题应该由国家处理，哪些问题最好由私人和市场处理？这是个有争议的问题。我们的极简的民主概念无力回答这个问题。对于民主秩序来说重要的是，我们能够分辨在什么地方是民主决定的，在什么地方不是民主决定的。国家与私人共同参与的企业、国家与私人合作的联合组织模糊了企业与民主国家的不同利益与责任。民主利益和经济利益之间正当的矛盾在共同的组织中消失了，最终又作为错误的决定出现。现在，不能要求任何人对
67 这个决定承担责任，如德国公路电子收费系统的建设。国家和私人可以共同工作，但其份额必须是可区分的。这同样也适用于为民主决定提供意见。私人和专家就民主决策提供意见，但自己不具有决定的正当化。区分提供意见与决定是紧迫的，即使这个区分难以确定。因此，我们从民主决定那里期望的是独立的证立以及至少是逐条逐项的反对意见。如果决定与提供的意见是一致的，决定便缺少民主正当化。

87. 民主的行政机关这一期望是矛盾的，因为它在政治和中立的法律适用之间进行调和。我们从民主的行政机关期望的是对民主法律的忠诚；从与行政机关相处的具体情况的公开性期望的是民主正当化；从政党政治的中立性期望的是受监督的积极性与独立性。我们的期望是矛盾的，这与行政机关在民主的权力分立中的特殊地位有关。行政机关处于议会和法院之间，它适用民主规则，它将政治过程转化为具体决定。所以，对“民主的行政机关”的嘲讽很容易出现——但几乎都是矛盾的表述。行政机关肯定有很多地方需要完善。但是，在我们知道这个完善看起来应该如何之前，我们必须先确定我们的期望是什么。

88. 民主是官僚制的。民主的行政机关是一个理想的要求，
官僚制是这个要求的负面的实践结果。这里也表明，我们对于民
主的期望是矛盾的：行政机关应该听取所有参与者的意见，不歧
视任何人，每次决定时审查在相似情况下如何决定，证立决定，以
可理解和可监督的方式记录其行为，预估其决定的结果。这里的 68
每一个要求都有民主上的根源：它们有利于民主法律的约束与民
主监督。理智的人们不会反对这些要求。这些要求中的每一个
都导致了更多的官僚制。官僚制是自我决定的代价。专制在行

动上是“迅速的与非官僚化的”。

89. 我们在民主中称之为过度规制的究竟是什么？我们经常抱怨规则太多了。但是，如果没有需求，规则很少产生——在民主中，规定某个东西恰恰意味着必须明确地决定某个问题。我们能够干预的越多，我们必须规定的就越多。如果我们能够有意识地改变天气，我们就需要法律和复杂的程序。[①] 市场也需要规制：许多市场只能被允许跨境交易的规则统一，例如借助产品标准（参见 119）。因此，对规则太多的批评往往是虚伪的，因为，这种规则恰恰是市场参与者要求的，为了能够将产品销往国外或者使损害赔偿请求有所保障。希望能够面对国家而表达利益的人们需要规则。没有规则，就没有法院的保护。对规划的过度规制连同其中冗长的程序有利于对当事人的保护。不经预告即铺设穿过某人土地的高速公路会更好吗？毫无疑问，民主法治国恰恰显示了过分的规整强度，这种过分是被迫的。但是，这种强迫表现的是我们自己的强迫，而不是官僚主义的谋划的结果。每个规制都是分配自由的决定，但是，自由能够被规则增加、减少或只是重

① 这个例子来自于 Dieter Grimm。

新分配(参见 23)。过度规制指的是什么或不是什么,是一个需要民主决定的政治问题。对于过度规制的评价,我们并不具有价值无涉的、非政治的评判立场。 69

90. 民主地选举法官和检察官似乎违背了欧陆对法的理解。因为,按照我们的观念,司法机关没有自己的政治意志,它只是在实施法律。在我们看来,在“左的”和“右的”司法机关之间选择是对法秩序的违反。在美国,直接选举的检察官被视为重要的政治入门职位。谁不愿意放弃这个想法——所有犯罪必须被追究且追究不取决于预先的政治判断(Vorauswahl),谁相信法律文本的解释虽有余地但没有能够按照“右的”和“左的”框架(Schema)来填充的余地,那么谁就愿意放弃司法机关的选举。当然,有些人反对这个欧洲的形式信念。法律文本往往含义模糊,从经验上说,不同的法官对相同案件的裁决也是不同的:明确地使司法机关在民主程序中政治化不是更好吗?如果人们信任形式,如果在制度上培育形式,如通过培训法官和确定其职业理想,形式便起作用。如果法院被课予义务在裁判时忠于法律文本并远离政治,我们便表达了同时也强化了我们对形式的信任。司法机关公平、中立的理想会受到民主选举——这在美国很普遍——的明确挑战。如果个案裁决能够归因于决定者的政治偏好，我们的分工型的权力分立的想法就不复存在了。

91. 法院的正当化不纯粹是民主的。法院的正当化一方面来自于它受民主法律约束，这是民主的正当化。另一方面法院还通过其专门的程序，通过转向个案来正当化自己：法院听取当事人的意见，为每个案件的判决提供自己的特殊理由，而对其判决不
70 负有政治责任。这两种合理性之间的矛盾是一个旧的法律问题。因为，个案的特殊性需要自由地对待法律文本。这个矛盾不应被消除，而应该从它的功用来理解：我们以诉讼程序创造了一个保护我们的自由不受民主统治侵害的空间。法院管辖我们的案件，在裁判时保持政治独立——但是，它并非在民主之外裁判，而是以民主规则为依据，因此，我们个人的自由要求并不妨碍他人。

92. 在民主中，法院不是公共道德的守护者。在德国，法院在传统上倾向于认为，它能够作出比立法者更为适当的决定。[①] 这个主张往往以国家社会主义的经历来证成。据说，当时罔顾道德

① Günter Hirsch, “Auf dem Weg zum Richterstaat?”, 载 Juristenzeitung 2007, 第 853～858 页。

的法官严格按照原文适用极权主义的法律。由此得到的教训是，法院应该以道德标准评判法律。只有上述历史描述是正确的，才会提出下面的问题：为什么法官应该以在独裁中对待法律的方式对待民主法律。但是，这个描述并不属实：在国家社会主义中，不容置疑的法律借助一般原则被道德化和政治化。所以，人们能够以“善良风俗”之名不认可与犹太人缔结的婚姻，即使家庭法没有做此规定。[①] 与之相反，在民主中，由于法院在政治上是独立的（参见91），它从公平的程序以及对民主法律的适用获得其正当化。没有法律的裁判就是没有正当化的裁判。如果法院援引道德，而道德超越了对案件的特殊性的认识，问题就产生了：法院从哪里获得道德？为什么它的道德应该优先于立法者的道德信念？ 71

---

① Bernd Rüthers，Die unbegrenzte Auslegung，第6版，Tübingen 2005，第145页以下，第224页以下。

第七章　民主的民主边界

93. 民主共同体应该能够决定所有问题。其行为的边界仅仅来自于民主概念本身。在民主承诺中，民主共同体始终是独立的。它或许感到自己受其他标准约束，如道德的或宗教的标准，但是，只有共同体在民主程序中对此作出决定，这些标准才变得重要。民主承诺自己划定了一定的边界：它禁止排除其成员（参见27）或者剥夺其成员的权利（参见15）。它只允许平等的决定程序（参见13）。如果它没有划定与私人领域的边界，它就面临着危险（参见24）。它必须尊重开放的民主意志形成的空间（参见47）。它应该确保知识生产领域不受民主政治影响（参见56）。所有这些边界——肯定是有争议的——都来源于选择民主的决定，它们不是从外部强加于民主的。我们需要注意，是否还能找到民主自我决定的其他边界。但是，我们首先要清楚，“民主的边界”这个流行的说法具有什么结果：它只有作为对不民主决定的证成才有意义。

94. 对多数人暴政的恐惧在民主中是不成立的。在有极权主义经历的社会中，如德国，民主被认为是最差的选择，因为多数人能够压迫少数人。但是，对于这里理解的民主来说，对于通过法形式保障民主平等的秩序来说，这个观点在体系上是不可信的，

在经验上也是无法证实的。民主对少数人权利的保护好于其他
秩序。这不是偶然的，如果在民主中少数能够变成多数——这与
在民粹主义的独裁中是不同的(参见 43)。在民主意志形成的程 72
序中，少数的保护和多数的确定是同时发生的。在缺少这种可能
性的地方，人权被侵犯。在世界上哪个地方，非民主的秩序之下
存在独立的法院？

95. 自由权属于民主的自我保护。没有个人自由，就不可能有民主秩序。为了在有统治的条件下保护我们的个性，我们作出了我们的民主承诺(参见 13)。在民主中，我们也维护前民主的、前社会的自由的直觉。民主为了自身的利益，受这个边界约束。但是，正如我们已经看到的，这里存在一个问题：必须为尊重个性的民主行为划定边界，但不能由单个人划定。如果我能够自己决定我的自由的边界，那么，他人将听命于我。用康德的话说，我的权利的范围不只涉及我，而可能涉及所有人，也就是说，必须由所有人来决定。[1] 如何在与人格保护的关系中保护报纸的言论自由？这个问题不能抽象地从对两种权利的承认来回答。这需要

---

① 这是康德主义的法概念的实质：Immanuel Kant, Die Metaphysik der Sitten (1797)，法理论导论，B 章。

民主形成。因此，我们必须通过法律民主地界定个人自由的范围，从而使个人自由得以可能——同时也使之面临危险。

96. 宪法建立民主，它不只是限定民主。宪法是民主承诺的实践、法律形式。通常认为，宪法最重要的任务是限定民主政治。[1] 但是，一方面，没有宪法规则，根本不可能有民主。民主意志形成只有在受规则约束并保障所有人的平等参与机会的程序
73 中才有可能。另一方面，即使是宪法，也必须能够被民主地修改，因而它能够提出正当化的要求：没有宪法，就没有民主统治。宪法将法形式与民主意志形成联系起来。它使法律创设民主化，并对集体意志表达提出了形式上的要求，这些要求证成了法律创设对民主性的主张。在许多民主中，修改宪法比修改其他法律困难。这并没有使宪法比普通法律更民主(参见 37)，但是，这一点能够通过“宪法规则使民主得以可能”来证成。

97. 基本权利与民主在实践上可能冲突。民主法律侵犯基本

---

[1] 一个证据，见 Ernst-Wolfgang Böckenförde，“Geschichtliche Entwicklung und Bedeutungswandel der Verfassung ”，载 Ernst-Wolfgang Böckenförde，Staat，Verfassung，Demokratie，Frankfurt am Main 1991，第 29 页以下(第 42、43 页)。

权利，基本权利限缩民主行为的范围。在民主中，依靠民主统治的自由与免于民主统治的自由处于持久的竞争中。对此，不存在普遍有效的解决方案（参见 23）。首先，在民主立法者行动之前，每个人都能做他想要做的事情。[①] 立法者一旦行动，基本权利可能因此被侵犯。如果立法者宣布宵禁或者禁止报纸，它不再是形成基本权利，而是取消基本权利；但是，取消与形成有时候并不容易区分。尽管如此，在民主分工的一般情况下，基本权利的范围由立法者确定，诸如人们通过其财产权可以做什么，什么是冒犯他人的言论，或者什么时候游行示威对他人构成暴力的威胁等。在有宪法法院的秩序中，对基本权利的侵犯在诉讼程序中被制裁。这可能产生反向的风险：基本权利过多地限制民主决定。

98. 在宪法法院这个机构形成了民主宪法和民主法律之间的冲突。宪法使民主得以可能。如果对民主政治的自我监督缺乏信任，宪法规则的监督就显得特别重要。由于这个原因，一些有 74
极权主义或殖民地经历的国家通常具有强大的宪法法院，如德

① 这个观点最早见于 Emmanuel Joseph Sieyes，“Versuch über die Privilegien”（1788），载 Emmanuel Joseph Sieyes，Politische Schriften，第 2 版，München 1981，第 91～116 页（第 94 页）。

国、印度、意大利、波兰、南非。由于同样的原因，旧民主和有连续传统的议会君主制通常没有宪法法院或者没有强大的宪法法院，如英国、法国、荷兰，一定程度上还有美国。[①] 强大的宪法法院不仅在民主的游戏规则方面约束民主过程，它还审查宪法中确立的其他所有规则。在形式上，宪法法院从宪法那里得到证成，宪法建立了宪法法院——但这没有回答对宪法法院的正当化的追问。因为，如果政治上不负有责任的法院以含义模糊的宪法文本的名义取消民主法律，民主意志形成感到突然受到了强烈的限制。这经常发生在下面的场合：宪法的具体解释是不清楚的，旧的宪法文本遇到了新的政治问题，如同性恋结婚、安乐死的边界、联邦国防军的新任务。所以，宪法法院的工作比其他法院更接近民主过程并不是偶然的。它在政治程序中被选出，并被视为政治机关。如果法院对案件的政治背景不感兴趣，它就是守旧的或不敏感的，它一直处于政治压力之下，直到让步。新政时期的美国便是如此。但是，如果法院过于开放地进行政治论证，如果法官席(Richterbank)变成了终身制的、不公开召集的小型议会，这就提出了一个问题：人们究竟为什么需要自己的宪法标准。这尤其体现

① John Ferejohn / Pasquale Pasquino，"Constitutional Adjudication：Lessons from Europe"，载 Texas Law Review 82 (2004)，第 1671～1704 页。

在当前的美国最高法院，还有联邦宪法法院第二庭，但后者明显弱
一些。在它们那里，可以看到一种政治分裂(Fraktionierung)，也就
是说，政治冲突面临被法律论证遮蔽的危险。人们识别差的宪法
法院法官所依据的是，他的政治信仰与世界观信仰从没有与他视
为宪法内容的东西陷入冲突。为了克服这些弊病，宪法法院必须 75
始终具备法律技艺和民主敏感性。

99. 联邦宪法法院不愿成为皇帝的替代物。在德国，宪法法院是最受欢迎的宪法机关。这有许多好的理由：它在国际上被视为卓有成效并有示范意义的机构。然而，可疑之处在于，法院的受欢迎不仅与它的成就有关，而且与对政治的一定的理解有关。[①]以宪法的名义放弃自我决定的努力，并托付于法与法律的可靠代表，这是一个重要的、合理的制度尝试。人们不需要满足民主辩论的苛刻要求，这有助于就宪法中的解决方案达成共识。令人吃惊的是，法院曾经强调民主政治必须自己寻找解决方案。[②] 但是，这一强调既保护民主，也保护法院。法院受欢迎并非因为对民主

---

① 联邦宪法法院院长说得很清楚：Hans-Jürgen Papier，Interview，载 Das Parlament Nr. 6/2007 vom 5. Februar 2007.

② Bundesverfassungsgerichtsentscheidung 108，282.

的热爱。这不能归咎于法院。

100. 人的尊严与民主承诺协调一致，并不矛盾。个人尊严的政治承诺在于对自由与平等的承认行为。在我们的解释里，人的尊严来自于能够说明其行为理由的存在者之间的相互承认：有理性、有能力得到自由（参见 15）。不同于对人的尊严的道德理解，我们不相信人的尊严的保护来源于形而上学的“人的理念”。人的尊严的保护毋宁是我们的民主的自我理解的结果。[1] 它是决定的结果，本来也可能作出不同的决定。然而，重要的是，人的尊严
76 与民主并不矛盾，它通过民主被制度化：如果我们将他人还原（reduzieren）为身体性，对承认的承诺会被违反。这适用于那些被我们与人的尊严联系在一起的内容：禁止对某人刑讯表达的是承认他是有理性能力的存在者。因为，刑讯将被刑讯人还原为身体反射，否认其决定的能力。还原为身体性不包括我们让他人饿死或者完全剥夺其行为能力。

① Christoph Menke / Arnd Pollmann, Philosophie der Menschenrechte, Hamburg 2007，第 59 页以下。

101. 如果我们从民主承诺出发证立人的尊严，为什么我们说人的尊严，而不说公民的尊严？民主承诺涉及的只是民主秩序的成员。但是，我们已经习惯于承认所有人的人的尊严，包括那些不属于民主秩序的人。实际上，所有的民主宪法国都保护人们免受一定形式的侵犯，即使他们不是国民（Staatsbürger）。这似乎不符合人的尊严的民主起源。这个矛盾可以通过民主秩序乐于接纳的特点得到解释。我们没有以民主承诺最终划定成员的范围。民主能够扩大其成员的范围（参见 26）。但是，这个秩序的成员只能成为有能力参与民主自我决定的存在者。人的尊严与人这个种属相联系，以此确定那些能被纳入民主共同体的存在者的范围。人的尊严还保护这种成员身份所需要的基础能力。它表达了对实际的和可能的成员的尊重。尽管如此，人的尊严的保护与民主几乎是分不开的。今天，只有那些生活在民主国家统治范围内人——即使他没有公民地位——才能希望对其权利的有效保护（参见 144）。正如汉娜·阿伦特所言，[①]只有作为政治共同
体的一部分，我们在我们的基础权利的保护方面才有好的前景。 77

① Hannah Arendt，“Es gibt nur ein einziges Menschenrechte”，载 Die Wandlung 1949，第 754～770 页。

102. 民主承诺不排除自己生命的丧失。在民主中，被私人暴力或国家暴力夺去生命的风险或许比在无政府或独裁中要小。但是，民主秩序并没有承诺排除暴力死亡。甚至，我们的死亡可能就是因为民主决定：警察的行为或者服兵役。反对国家在任何情况下杀人可能有充分的政治或道德理由。与之相反，我们可以尝试运用民主多数或者宪法论证。但是，民主承诺本身并没有排除这个可能性。如果民主统治的主要任务是划定法律领域的边界，那么，如果涉及拯救他人的生命，这个秩序无论如何也不能排除杀人。人的尊严保护决定的能力，也就是说，保护我们的自由的条件。如果民主共同体的成员在自由决定中主动承受死亡的危险或者给他人带来死亡的危险，他的尊严——即使它听起来很严格——并未因此被侵犯。民主秩序并非一开始就排除了杀死其成员的可能。

103. 在民主中，安全与自由不能互相权衡。在安全与自由之间权衡的想法在“9·11”之后变得很流行，它建立在范畴混淆的基础上。因为，民主试图排除不自由，但是，不安全是民主的必然要素。自由仅仅存在于一定程度的不安全之中。如果我们不愿再忍受不安全，如对自己生命的威胁，那么，我们可以民主地决定我们该做什么。但是,这个决定并不是建立在权衡安全与自由的基础上,而是建立在权衡不同方式的自由生活的基础上。但是,我们将力求安全,不是把它当作目的本身,而是当作使我们的自
由得以可能的手段。我们愿意为了其他自由而非安全而限制自 78
由。这个区分不是文字游戏。如果一个社会理所当然地认为风险与不自由处于同一层次,那么,这说明它缺乏民主的自我理解。像遇害的风险一样,这也适用于贫穷的风险。监狱中的犯人享有超越未来的最大安全。民主中的安全与自由并不处于同一价值层次。安全不是民主的边界,它至多是使自由得以可能的手段。

104. 不存在优位于民主的"秩序"。感到身体与生命受到威胁的人将给予不民主的秩序优先于无政府的地位。[①] 但是,从这个判断能得出什么?肯定不是对威权秩序的证成。从这一点既无法得出优位于民主的秩序,也无法得出下面的观点:建立权力垄断、确立有执行力的权威就是目的本身。民主只有作为秩序才是可想象的。只有在有可执行规则的条件下才有民主意志(参见35)。也就是说,无政府与秩序之间的比较并不能损害民主。但

① 恐惧是霍布斯的出发点。

是，民主与威权秩序之间的比较也不能损害民主。这不仅仅因为，民主平均而言比威权秩序更稳定。尤其是，秩序不是目的本身，不能证成威权结构。每个政治秩序必须相对于每个人被实施，它不是自发形成的静态区域——在民主中也是如此。但是，在不民主的秩序中，这种实施是不公正的，不公正夺走了秩序本身的正当化。威权秩序的受惠者与受害者是对立的：一个不能证成另一个。也就是说，“秩序”的理念本身不能正当地限制民主决定。

105. 福利(Wohlfahrt)并不优位于民主。食不果腹的人不能
79 自己决定。社会福利不是比民主更为根本吗？自我决定的物质基础和社会基础不是先于所有的自我决定吗？这取决于我们如何理解“先于”。从事实、实践上来说，如果不能在身体上和心灵上参与决定，那么，人们就不能在政治上参与决定。但是，从这个观点可以得出什么？是否可以得出这样的结论：允许不民主但有社会效率的秩序——它首先照顾所有人，然后他们有能力自己决定？我们假设，中国在能够成为民主国家之前，首先必须保障一定的物质基础条件，否则会出现无政府状态。在实践上，这个观点可能是对的，即使无政府的威胁是一个典型的、威权的论证。

但是,这不是对打压民主反对派的正当化。为什么不确定的无政府前景应该证成确定的压制?如果不民主的秩序在物质上照顾其居民,那么,它就是拒绝承认他们的自由平等。[①]

106. 公民不服从可能是民粹主义的美德,但仍然是民主的恶习。托马斯·杰弗逊(Thomas Jefferson)支持小规模的反叛,并认为这在民主上是健康的。[②] 但是,这并不意味着,他愿意让反叛不受惩罚地进行。反抗(Widerstand)是民主意志继续形成的形式,杰弗逊这样认为,罗尔斯(Rawls)也这样认为。[③] 但是,承担在合法性之外经营政治的风险的人是反抗者,而不是为自己制定规则又违反——可能有充分的理由——规则的民主共同体。呼吁反抗民主法律的人违反了民主共同体的平等。他给予自己的诉求比他人更多的分量——这种现象对于知识分子来说是很典型的。但是,打算承担违法的风险以及被追究责任的风险的人只能说反抗。此外,大张旗鼓地将自己锁在栅栏上,为了在此之后以罚金为由诉至宪法法院,并不是多么英勇的行为。 80

① Nancy Fraser / Axel Honneth, Umverteilung oder Anerkennung?, Frankfurt am Main 2003.

② 他在 1787 年 2 月 22 日与阿比盖尔·亚当斯(Abigail Adams)的通信。

③ John Rawls, A Theory of Justice, Cambridge, Mass. 1971, 第 319 页以下。

107. 在民主中，不存在超越法律的紧急状态。同样的观点也适用于紧急状态下的公务员：如果一个女公务员为了防止不幸事件，在紧急情况下违反了法律，那么，美德与规则不应被混淆。这个好心的女公务员违反了法律，因此，她或许是女英雄以及违法者——但这并不改变：这些法律对她是有效的，她可能因此被制裁。民主的公职人员援引超越法律的紧急状态是一场修辞上的政变，但愿这不是为真正的政变做准备。

108. 如果没有人服从民主，民主只能废止自己。民主共同体的成员可以在任何时候从一座岛屿四散离开(康德语)。[①] 这当然是不太可能的情况。如果没有压制或排除成员的情况，民主秩序的废止将很少发生。民主承诺并不禁止终结民主统治，但肯定禁止引入不民主的秩序。

109. 民主的边界仅仅来自于民主本身。民主必须尊重自己。坚守民主承诺以及尊重明智的限制即属于此。但是，那些允许将
81 不民主的决定形式纳入民主的上位原则不属于此。

---

① Immanuel Kant, Die Metaphysik der Sitten (1797), Rechtslehre, 第一部分,E 章。

第八章　超越国家的民主

110. 民主并不局限于国家。每个群体都能在平等自由的条件下组织它的事务，也就是民主地组织起来。尽管如此，许多理论家还是把国家当作民主唯一可能的领域。如果国家丧失作用，民主会与其一起走向终结。[①] 将国家与民主相提并论，其说服力来自于历史经验而不是体系说明。我们将现代民主的诞生与美国革命和法国革命联系起来。这些事件的思想世界孕育了至今仍然有重要意义的民主文本：从康德、卢梭一直到《联邦党人文集》。我们今天的民主经验局限在国家之内：国家以领土为界行使决定性的政治权力。国家确定了其他群体能够民主地组织起来的标准。国家通常具有强烈的民主同一性。这对于民主的进一步发展非常重要，但不是必然要素。这些表明，国家仍然是民主最重要的载体，但并不能否定，民主也可能存在于其他政治组织中。国家的民主不会在世界的国际化中消失。毋宁是，民主自我决定的不同层面互相联系，形成了平等的决定共同体的各个层次，以动态的决定机制化解它们之间的政治矛盾。

---

① Jean Guéhenno，La fin de la démocratie，Paris 1999.

111. 并非所有国际化的问题都是民主的问题。很多国际化
的问题不能以民主的手段来解决。甚至，将民主标准照搬到那些 82
没有行使统治而根本不需要民主正当化的机构可能是危险的。因为，作出调整的往往不是那些机构，而是我们的民主标准（参见148）。

112. 民主世界最简单的形式是所有国家的民主化。国际民主秩序的问题始于国家之内：许多国家不是民主地组织的。人们可能出于各种理由在政治上尊重它们的行为，但是，与这些国家缔结的国际协议不是民主正当的。与建立新的组织相比，和平地促进民主更有益于民主的世界共同体。

113. 民主联邦（Föderation）是超国家民主的典范。联邦秩序是超国家的民主形式的实验室。我们在紧密和松散的联邦中学习不同的民主同一性如何互相交流、如何组织。在那里，许多关于民主同质性和同一性（参见60）的流行观点并没有得到证实：有些联邦秩序没有自己的官方语言（如印度），或者具有多种官方语言（如比利时、加拿大和瑞士）。欧盟是一个在许多方面都与这种

联邦国家的早期形式相类似的联邦。[①] 联邦从来都不符合那种紧密的、同质的、权力垄断的民族国家的想法——但它们大多是民主地组织的。

114. 人们从联邦认识到流传下来的民主同一性的顽强生命力。在战争中，民主联邦（如美国、德国、瑞士）使美国南部州、奥
地利或天主教教区被迫离开或加入新秩序。这些战争刚过，民主
联邦就找到了它们的形式。南斯拉夫在 1989 年之后发生了分
83 裂。旧的政治同一性在联邦化之后并没有被遗忘。毋宁是，它通
过并入联邦结构而走向极端化，并获得了引发内战的力量。除了
巴尔干的特殊性，在一些国家，如比利时、加拿大、西班牙，对于分
权或者分离产生了激烈的争论。这里可以明显看出，联邦秩序如
果过强地约束其成员单位可能造成什么问题。联邦的发展可能
是一个警告：不要把欧洲一体化理解为一个理所当然地不断加强
的过程。过强的约束能够使民主商谈极端化。在这里，制度上的
动态性也很重要。像对待分权或和平的自我解散一样，我们也要
防备不断增长的对于中央集权的统一规则的需求。

---

① Christoph Schönberger, Unionsbürger, Tübingen 2005.

115. 在民主的联邦中，不应明确地确定多数与少数。我们假设，联邦由五个成员州组成，其中，三个州的人口占总人口的近三分之一。这个联邦的民主决定规则应该是怎样的？如果联邦人口的多数按照多数决可以解散所有的州，那么，两个州的多数能够解散其他三个州。联邦划分的想法以及成员州的民主自我决定会被否定。成员州的民主自我决定的共同体在整个民主中只会是很小的少数。这就不再需要联邦。但是，如果决定只有在五个成员州意见一致的情况下才能作出，那么，在更高层面上人们就不能说独立的民主统一体。那里就不存在自己的政治意志形成。在这两个极端之间，所有的决定规则必须在联邦中起作用。它们不能以相同的方式按照民主平等的原则来构造，因为，存在两个民主层次，每个层次都有自己的平等：民主地组织的成员单位的平等与所有联邦公民的平等。联邦中所有的决定规则都是这两种平等形式的妥 84
协：越多地把较高的层次当作共同的决定统一体，就越倾向于在较高的层次建立独立的多数规则——反过来也成立。在意见一致的规则之下，与单个州的意志相左的共同决定不可能作出。意见一致的规则绝不是有利于自我决定的规则。如果共同行为增加了自我决定，那么，被多数击败的可能也提供了以多数胜出的可能。这适用于州与州之间，就像适用于个人之间一样(参见 37)。

116. 在德国，民主政治的制度性问题在于联邦参议院。由于联邦参议院必须同意联邦议院所有的重要法律，所以我们以这样或那样的方式在持久的大联盟中统治自己。政治改变的可能性被大大限制，不存在如全民公决造成的平局。决定在协调委员会中产生。在联邦国中，简单议会多数的统治不一定是民主的理想（参见 115）。州的参与之所以必要，是因为，州的行政机关执行联邦的法律。然而，无法被联邦参议院的重要作用证成的是，它已经变成一个不公开的联邦立法者，其成员是为了州的政治而被选举的。它希望影响联邦政治，却对此不负有民主责任。它既没有在各州也没有在联邦创造更多的民主，因为，在联邦参议院中，为了某一层次的统治是由为了另一层次而选举出来的人实施的。

117. 权能规定无法遏制联邦的民主动力。法院在联邦中发挥着特殊的作用。法院具有独立的地位，它负责解释联邦和成员单位之间的决定规则。因此，宪法法院在联邦秩序中通常比在中央集权国家更为重要。[①] 但是，根据所有经验，联邦各层次之间的

---

① Olivier Beaud，“De quelque particularités de la justice constitutionelle dans un système fédéral”，载 Constance Grewe / Olivier Jouanjan / Eric Maulin（编），La notion de “justice constitutionelle”，Paris 2005，第 49 页以下。

政治动力不能完全被成文的权能规定控制。法院对职权规则的 85
解释取决于强大的社会改变的压力。因此，与之相关的是，由哪个层次来管理的决定不应与什么该被管理这个政治问题分开。在美国，关于联邦可否引入武器监管的冲突与武器是否该被监管这个政治上有争议的问题几乎是分不开的。[①] 扩张的社会国总是导致中央集权化。政治改变的压力可能在联邦秩序的不同部分表现出来。如果像在德国一样宪法很容易被修改，这个可能性就能被感知。反之，法院在不使这些关系停滞的情况下可以更严格地解释那些容易修改的规则。美国宪法和欧洲条约都不太容易修改。改变的压力转移到对既有规则的解释上，法院在解释时对政治讨论持更加开放的态度。[②] 由于这个原因，德国基本法的模式为明定权能规范，而不是径行授权于欧盟。

118. 在民主联邦中，最高者(Souverän)并不存在。在关于欧洲一体化的讨论中，这个体制的最终决定问题经常被提及。谁是最高者？成员国还是欧洲层次，欧洲法院还是国家的宪法法院拥有最终决定权？正如答案总是显示的那样，最终决定很少发生，

---

① Printz V. United States，521 U. S. 898 (1997).

② Miguel Poiares Maduro，We，the court，Oxford 1999.

即使发生，也几乎不会被既有的规则干扰。今天，谁还会对南斯拉夫的解体依据当时法律是否合法这个问题感兴趣？联邦在制度上的要点恰恰在于，联邦在最终决定问题上是开放的，谁必须决定什么这一问题需要不断商讨。[①] 对于欧盟，人们更愿意认为，成员国拥有最终决定权，因为，它们可以离开欧盟。如果它们想
86 要这样做，它们几乎不会废止规则。只要它们不这样做，它们就按照规则——其中不存在明确的最终决定权——行事。在有多个参与者的程序中，追问最终决定权是错误的。这是一种不被允许的简化，与其说它有利于政治辩论，不如说它有利于对民主决定程序的分析。

119. 联邦在共同市场的基础上产生。联邦通常开始于经济领域的开放、市场的开放。其中，所有人都享有交易和流动的权利。在共同市场中，来自联邦某一部分的产品和人不得因为其来源而被其他部分歧视。加入共同市场，跨越了各自民主的边界，扩大了市场参与者的自由。但是，这种自由的结果是，市场开放反作用于环境、薪资发展，反作用于国家能规定什么、不能规定什

① Olivier Beaud，Théorie de la Fédération，Paris 2007，第 101 页以下。

么的问题。这些结果必须长期地并超越成员单位的边界而予以规定，市场应该保持开放，不应因为不同的环境保护或产品安全标准而失灵。因此，共同市场不仅减少了旧的边界规则，而且催生了新的规则。

120. 我们的个人自由能够随我们一起跨越边界，但民主自我决定权除外。用一句话说，这是全球化的正当化问题。如果共同市场的参与者有权跨越边界、不受歧视地交易和流动，联邦法院（参见 117）或世界贸易法庭（参见 138）便获得了重要意义。它们管理边界上的自由；它们废止民主规则，如果这些规则限制市场并因而限制这些参与其中的民主的行为范围——不能颁布自己的环境标准。个人跨国自由的增多意味着民主形成可能的减少。
民主决定被怀疑可能扭曲共同市场。与此同时，整个市场领域缺 87
少民主机制。人们能够立刻建立监督国际规则遵守情况的法院。调整这些规则的民主机制以民主同一性为前提条件，这种民主同一性不能被法律创造。相反，意见一致的政府在一个民主方面并不令人满意的程序中达成协议（参见 131）。通过边界开放，国际化使个人获得了更多自由。但是，这个结果有利于那些流动的个人，他们没有被民主的反对过程阻碍。跨国自由通常被享有特权的个人和企业所利用。[1] 即使在国家秩序中，个人自由也只是对于那些拥有某物的人才有用：没有财产就没有财产权保护，没有工作就没有工作自由，没有言论和表达的能力就没有言论自由。但是，在国家民主中，为了保护弱者，多数人给这些自由设置了边界。

121. 民主联邦消除了差别——作为解放或平等化。在民主联邦之内，较高的政治层次解放了奴隶（在美国），在工作领域取消了歧视性的贸易限制或实施了男女平等（在欧洲），这是偶然的吗？在联邦之内，成员单位必须证成挑战联邦统一性的所有差别。联邦在较高的层次审查成员单位的规定是否有歧视效果。这首先适用于人或商品的交流。然而，对经济事务的限制是很难予以限制的。如果在德国工作场所的妇女受到不利对待或特定种族的成员被歧视，那么，这对于欧洲的整个秩序来说就是一个问题——虽然不是出于道德原因，而是因为经济交换的可能性被
88 限制。任何歧视也是对市场的扭曲，因为它适用的不是经济标准。共同市场必须消除歧视。这听起来像是有利于共同市场的

① Stefan Langer, Grundlagen einer internationalen Wirtschaftsverfassung, München 1995.

笼统的政治论证,但其实不是。因为,这个解放的效果始终以损害民主自我决定为代价。在有些情况下,这可能是无关紧要的,因为这个结果的正确性是如此明显:从民主的角度看,奴隶制无论如何都是不允许的(参见 17)。但是,就性别歧视来说,它应被谴责这个事实并没有免除对下述问题进行民主决定的必要性:如何与性别歧视作斗争。

122. 没有欧洲人民这个假设,人们也能够说欧洲民主。“欧洲人民并不存在,欧洲民主也不可能存在。”[①]这句话建立在一个误解之上:民主中必须存在能够被反映的集合主体。正如已经说明的,实际情况是相反的(参见 31)。只有平等主义机制产生民主意志。从这个论断不能得出同样错误的反结论:从平等程序的机构产生的不一定是民主意志形成。民主决定程序的机构能够但不一定导致民主意志活动的产生。我们能够呼吁选举,但没有人参加,我们能够举行表决,但没有人对它感兴趣,或者在欧洲议会的例子中,我们能够创造一个机构,它缓慢地产生自己的意志形成(参见 125)。此外,民主正当化只应给予那些有行动可能的机

① 这个看法的苛刻表述:Marcel Kaufmann, Europäische Integration und Demokratieprinzip, Baden-Baden 1997.

关(参见74)。只要民主机构的决定没有被认为对该秩序的成员具有重要意义,围绕它就不产生民主意志形成。但是,这里涉及的是通过制度予以发展的渐进过程;涉及的不是人民与非人民的
89 绝对区分。

123. 只要共同市场只是分配自由,欧洲的民主正当化便不紧迫。通过欧洲一体化,我们跨越国界地获得了许多过去首先在一国之内享有的权利,例如居留权、在欧洲其他国家建立企业和工作的权利。这似乎不需要正当化,就像把资金分配给农业一样。逐渐变得清楚的是,没有对自由的限制,就不存在对自由的分配:如果各国互相开放其边界,它们不得不统一规定开放的结果(参见119)。所以,统一规制的需要就产生了,如环境保护,后来还有内部安全——它应该与边界开放相平衡。尤其从《马斯特里赫特条约》以来,逐渐变得清楚的是,欧洲一体化不仅分配自由,而且再分配与削减自由,也就是说,它完全是在实行统治,因此需要自己的民主正当化。

124. 我们在布鲁塞尔的部长的民主正当化不再能单独证成欧洲一体化。在欧盟中,我们几乎只认识我们自己国家的政治

家。他们在欧洲代表我们是民主正当的。为什么这不足以使欧盟正当化?对外政策的民主正当化,包括欧洲对外政策的民主正当化,一直是有问题的(参见130)。此外,欧盟是一个十分特殊的组织:它不仅管理单一的事务领域,而且具有广泛的政治职权——它还能够不通过成员国而为我们设立权利和义务。它使三大机构有别于其他通过成员国予以正当化的跨国组织(参见134)。欧盟不是一个专门组织:通过一定的措施阻止有嫌疑的成员国,以解决单一的事务。欧盟具有广泛的权能,从环境保护到内部安全再到经济法。如果我们的部长在欧洲做决定,这缺少什么?[1] 第一,没有欧洲的共同利益。国家代表之间的妥协所产生 90
的结果对于所有欧洲人来说不具有同样的利害关系。国家代表所代表的是国家的利益,而不是整个欧盟的利益。在这里,它与代议制这样的体制是有区别的。在后者中,每个代表必须代表所有人的利益,而不仅仅是其选区的利益。如果一些大的成员国在补贴问题上就其例外达成一致,整个市场则被干扰——即使这三个国家的贸易看起来很好。第二,没有公开性。部长理事会最终

---

① Gertrude Lübbe-Wolff,"Europäisches und nationales Verfassungsrecht",载 Veröffentlichungen der Vereinigung der Deutschen Staatsrechtslehrer 60 (2001),第 246～289 页。

像立法者一样做决定，但是，他们的讨论并不公开。第三，没有事务利益之间的合理权衡。部长理事会由许多单一领域的部长理事会组成，它们只对自己的职责范围感兴趣。环境部长和经济部长之间的矛盾未被平衡，二者各行其是。也就是说，欧洲立法者是由代表自己国家和自己职责的利益且不公开行为的成员组成。

125. 从欧洲议会我们认识到民主意志形成如何产生以及多么缓慢地产生。长期以来，欧洲议会的意志形成反映的只是代表的来源国。欧洲的“左派”和“右派”之间的政治冲突并不存在，存在的只是英国人和德国人之间的冲突，这种冲突能够在政府之间通过协商更好地解决。只有超国家的政治机关产生了自己的政治对立，并把国家同一性抛诸脑后，那么，在选举的民主形式之外才存在民主同一性，这种民主同一性允许把这种政治机关理解为欧洲的民主机关。说得尖锐一点，当葡萄牙的代表愿意投票反对委员会中的葡萄牙人主席时，议会中才存在欧洲政治。这就是前面谈到的矛盾之中的共同性（参见 67），它使民主同一性得以可
91 能。这一点实现得越充分，按照所有欧洲选民的民主平等而非国家比例代表制的标准组织议会就越有说服力。

126. 民主对于欧盟委员会来说仍然是陌生的东西。委员会被设计成专家的机关,它应该有能力实现欧洲一体化的经济政策目标。欧盟获得的任务越多,它的决定便越具有政治性:不再是在技术上对目标的规定,如限制牛奶生产过剩,而是在有政治争议的选项之间抉择。今天,委员会主席属于议会最大党派的政治阵营。然而,对于委员会来说,如何处理与民主的关系还是一件困难的事情。它由国家的政府委任,它应该是欧洲一体化的中立的管理者,但是,它要作出广泛的决定。它从事非政治的政治,它为新的管理和"治理"提供管理技术方案,以之作为民主的替代。[①]它被认为特别容易受到私人说客的影响,这是因为,它是独立的,也就是说,它只承担有限的政治责任。它的正当化缺陷不能以好的意愿来解决。委员会从中立的、从事管理的规则制定者向政治的政府过渡。如果我们想要使欧洲一体化走向深化,它会变成后者。在过渡期间,我们不应认为,它是一个中立的、仅仅被专业权能赋予权力的机构。

---

① Christian Joerges / Yves Mény / J. H. H. Weiler(编), Mountain or Molehill? A Critical Appraisal of the Commission White Paper on Governance, New York 2002.

127. 欧盟的统治大部分是不可见的。许多欧盟的规则首先被转化为国内的规则。它们的欧洲来源已经无法看出。它们被国家的行政机关执行。不同于美国制度中的联邦，欧盟很少设立与公民存在直接联系的机关。尤其是，欧洲并不辖有这样的人：他们为欧洲人所了解，能够被欧洲人与政治计划联系在一起。欧
92 洲与其成员单位是交叉的。欧洲通过它的成员国行为。这有许多实践上的优点。它省却了有效的行政机关。此外，如果各国自己执行欧洲的规则而没有委托于欧洲的机关，那么，它们是为了更多地维护自己的权利。但是，就民主正当化来说，问题在于：对正当化的需求是由于统治的可见性产生的(参见 21)。在统治不可见的地方，责任仍然是不清楚的。

128. 当前，将欧盟打造成一个民主是不可能的，而更民主地组织欧盟却很容易。欧洲的许多民主不愿意给予欧盟独立的形成空间，而这个空间是民主意志形成所必需的。但是，成员国的民主和欧洲的民主之间并不总是零和游戏：欧洲层面的民主化并不一定导致成员国民主的损失。如果欧盟有权规定某个事物，如果国家政府的民主正当化不足，那么，欧洲的程序必须被改变。奇怪的是，人们对于民主化的下一步竟然达成了惊人的一致。从

政府合作的缺陷(参见 124)得出的结论是:议会参与所有的立法行为,理事会公开进行协商,建立负责全部立法的一般理事会。

129. 欧洲宪法条约不是宪法,它的失败是因为这个错误的名称。为了提高欧洲条约第 n 次修改的象征性价值,宪法条约的起草者从国家的民主同一性的宝库中找到了办法:命名为宪法、充满激情的序言、国歌以及其他。但是,为什么应该把某次条约的修改称为宪法?宪法是政治重建的证明文件。它不仅是使政治法律化的规则,而且是使民主意志形成得以可能的规则(参见 96)。宪法设置了政治停顿,而且,它以自己的民主正当化为前提条件。欧盟产生于漫长的过程,它也有民主同一性的问题,这个 93
问题的界定是不能回避的。为什么我们应该把一个来自国家领域的概念运用于这个独一无二的过程?通过全民公决否决宪法条约便遵循了这个思路。与其说它反对的是单个规定,不如说它反对的是通过宪法概念抬高整合过程的象征性价值。因此,这次全民公决是宪法过程唯一的民主停顿,这个过程现在还以同样的内容继续发展。继续发展欧洲一体化是一回事,将它定义为民主活动则是另外一回事。

130. 对外政策比对内政策更难以民主正当化。民主宪法国的机制不是针对对外政策建立的。在与其他国家的交往中，不可能像对内一样培育意见的多元化以及改正决定。与其他国家谈判需要统一的立场。国际法义务产生于协商过程，这个过程是不公开的，也很难被议会监督。向他国承诺愿意接受约束超越了民主选择。即使不是不可逆转的，它的改变也非常有限。秩序的易变性是民主统治的核心要素，而这恰恰是国际关系所缺乏的。国际秩序不存在由选择和表决带来的民主停顿，后者给予民主意志新的气息(参见 68)。国际秩序具有缓慢向前发展的连续性——万不得已时会有作为政治停顿的战争。

131. 由于这个原因，对外政策在传统上被理解为政府的领地。乍看起来，这在议会选举政府的体制中不是缺点。两种权力追求同样的政治目标。在其他体制中则有所不同。在美国，国会
94 与总统在许多基本问题上无法达成一致，例如，国会是否必须对宣战表示同意。在这里，国会对对外政策的影响显然更大。但是，在议会制的秩序中，政府和议会多数之间的平衡也有赖于政府最终需要议会多数。在对外政策上，它们创造了现实必然性。政府在国际层面约束自己，并使议会与选民知道它别无选择。对

外政策变成了对内政策的操控器，变成了不民主的“新国家理由”。[①] 这个问题不存在解决办法，充其量只是通过法院的监督和程序的透明带来些许制度上的改善。

132. 必须学习承担相对于国际化的民主责任。这也意味着，民主议会必须学习如何更加自信地对待其活动范围。国际层面的规定不应被当作不能应付的现实必然性，违反国际法的风险也不能从一开始就被免除。对国际法的友善在实践上可能意味着对议会的敌视。尤其是，议会多数必须愿意使自己陷入与政府的冲突。这在政府与多数相互依赖的体制中并不是一个轻松的任务。

133. 通常用来反对全民公决的论证并不适用于对外政策。全民公决排除了妥协，人们常常因此反对它(参见 33)。在转化国际法义务时，议会也不具有对它进行改变的可能性。条约只能像当初协商好的那样生效。议会只能同意或反对，不能通过协商达成妥协。所以，对于重要的国际法义务，如欧盟的深化或加入世

① Klaus Dieter Wolf, Die neue Staatsräson, Baden-Baden 2000.

界贸易组织，全民公决的方式是值得考虑的。因为，其重要意义
95 以及实际结果的不可见(参见127)需要民主正当化的强形式。

134. 国际组织从建立它的国家的正当化获得民主正当化，如果它需要的话。联合国或世界贸易组织是通过参与国的行为建立的。如果参与国本身是民主的，这些组织就获得了它们唯一的民主正当化。这个正当化看起来很弱：距离选民很远，而且有些缔约方是不民主的。但是，不能以新的民主概念回避这个正当化弱的论断(参见148)。只要国际组织只是起协调作用，它就不实行统治。同样，只要国际组织的决定只能通过国家的行为影响公民，对正当化的需求就不迫切。国际关系的许多问题都不是民主正当化的问题。

135. 作为世界各国对话的论坛，联合国不需要自己的正当化。如果联合国为世界各国提供开放的论坛，使它们能够在规范上平等的条件下交换意见，那么，它就不需要自己的民主正当化。这样的论坛比双边论坛或地区论坛具有优势，也是全球民主同一性的先驱(参见151)。它在发挥这个作用时并不统治，因此不需要进一步的民主正当化。

136. 安理会的正当化有赖于维护和平的使命。自20世纪90年代以来，安理会越来越多地被当作一个世界立法者，它制定约束所有国家的规则。[①] 在形式上，它的这个权力来源于所有国家对《联合国宪章》的同意。但是，安理会的情况首先印证了这一观点：正当化有赖于改变既有规则的可能性(参见20)。在安理会中，五个常任理事国拥有否决权。当前这个体制也许只能使这五 96
个成员国信服——由于只有在意见一致时才能修改它，因此修改的希望很小。[②] 但是，应该朝哪个方向改革？对于这个问题的回答，要注意正当化与行为能力之间的必然联系(参见74)。正当化针对的是行为，行为力的类型反作用于正当化的类型。如果安理会的主要任务是维护和平，如果执行任务的不是联合国自己的军队而是成员国的军队，那么，维和措施的正当化只能来自于那些有能力在军事上执行安理会的决定并在对内政策上使动用军队承担责任的国家。这个思考不是证成现状。常任理事国之下的所有大洲的代表肯定有助于将安理会正当化为普遍的决定机关。但是，安理会的任务与适当的正当化机制之间的关系表明，安理

---

① Stefan Talmon, "The Security Council as World Legislature", 载 The American Journal of International Law 99 (2005), 第175～193页。

② 一个精彩的分析：Edward C. Luck, "How Not to Reform the United Nations", 载 Global Governance 11 (2005), 第407～414页。

会的正当化可以不遵循所有国家平等的原则。想要进入安理会的国家(如德国),必须愿意以特殊的方式在军事上参与其中。

137. 国际组织距离个人自由越近,对其正当化的拷问就越紧迫。国际组织经常把自己当作和平、自由和福利的代言人,从而与设想的利己的国家相对立。但是,如果它们实行统治,由于缺乏民主程序和法治国的监督,对它们的监督就比对民主法治国的监督要弱。这体现在虽然少见但越来越频繁出现的情况:国际组织直接干涉个人的权利。举两个联合国的例子:安理会公布有嫌
97 疑的恐怖分子的名单,他们被剥夺了支配其财产的可能。联合国并没有提供司法监督。[①] 如果联合国是一个国家,它就违反了自己的标准。联合国直接管理一些区域,如科索沃。那里的公民发现自己在日常生活中面对的是无须承担法律责任的国际行政机关。对抗其行为的有效的法律保护是不存在的。[②] 那些居民生活在国际共同体的开明专制之中。

---

① Isabelle Ley, "Legal Protection against the UN-Security Council between European and International Law: A Kafkaesque Situation?", 载 German Law Journal 8 (2007) 3, 第 279～293 页。

② Rebecca Everly, "Reviewing Governmental Acts of the United Nations in Kosovo", 载 German Law Journal 8 (2007) 1, 第 21～37 页。

138. 无论作为论坛还是法庭，世界贸易组织都不需要民主化。很少有组织像世界贸易组织那样遭受了对全球化的批评，但是，它需要更多的民主正当化吗？世界贸易组织完成了两个任务。第一，它为所有成员国提供了讨论世界贸易规则的论坛。这些规则在意见一致的情况下通过。很明显，在谈判中富裕的国家比贫穷的国家具有更大的影响力，全球性的不公正，如隔离农产品市场带来的结果，可能会加剧。但是，以民主名义解决这些问题的决定规则是可想象的吗？每个国家都有否决权。许多贫穷的小国为了获得美国和欧盟的一点恩惠而出卖它们的否决票。规则有助于防范这种决定吗？某些国家相对于大国的自我意识的增长没有多少用处。但是，这不是民主程序的问题。在这里，不能混淆民主与公正。非政府组织能够——例如向欧盟——要求一个更公正的政策，但是，我们不知道要求世界贸易组织具备民主程序可能意味着什么。第二，世界贸易组织有独立的法庭进行裁判，各国能够就约定的贸易规则的遵守情况互相起诉。这个制度运行得很好。它可能是共同市场中联邦法院的雏形，[①]我们

① 比较：Donald H. Regan，"Judicial Review of Member-State Regulation of Trade within a Federal or Quasi-Federal System：Protectionism and Balancing"，载 Michigan Law Review 99 (2001)，第 1853～1902 页。

已经提到过其中的问题（参见 117）：相比世界贸易组织成员的民主自我决定，这种法院偏重个人的动态的经济利益，因为这些成员已经作出了承诺。反对全球化的人批评说，法庭适用的只是经济规则，没有考虑人权、环境保护或工作条件。如果这是正确的，[①]需要进一步追问：替代方案是什么。非政府组织的影响力的增加是否意味着民主的获得？这一点是可疑的（参见 139）。但是，这个能够在任何可能的方面回答所有法律问题的法庭具有怎样的正当化？它像一个巨大的没有对立面（具有行为能力的立法者）的世界宪法法院。这肯定不是一个多么民主的想法。

139. 非政府组织在民主上具有两面性。国际的非政府组织像国内的公民社会一样具有两面性。它们使民主意志形成得以可能，但自己不是民主正当的（参见 44）。它们为民主决定创造了意见形成的环境，但不能取代民主决定。不同于在内政方面从威权体制向民主过渡，在国际领域已经存在民主组织：民主国家。非政府组织应该了解它们并向它们学习。非政府组织有助于形成全球性的问题感知，即全球民主同一性的萌芽（参见 141）。但

① Joel Trachtman，"Trade and ... Problems，Cost-Benefit Analysis and Subsidiarity"，载 European Journal of the Internatioanl Law 9 (1998)，第 32～85 页。

是，这些成就无法取代民主国家的正当化。因为，非政府组织通过它的要求所代表的只是一定的专门利益。在这一点上，它——即使具有所有好的政治意愿——与跨国的康采恩是无法区分的。非政府组织对全球意见形成的贡献如此重要，使非政府组织进入国际组织并获得正式法律地位的愿望却如此微少。此外，非政府组织缺乏平等主义的正当化，最终会产生一种国际社团主义。专业人士就一定的问题交换意见，在没有平等主义程序的情况下得
出“正确的”方案。这个专家对话的梦想并没有因为非政府组织 99
对它的渴望而变得更美好。

140. 国际秩序在民主上的缺点是碎片化。国际法不是按照统一的政治计划而是根据一定的、互不协调的政治领域发展的：贸易法、环境法或工作法分别由不同的组织代表，这些组织推动实现它们的要求。[①] 因此，人们说国际法的碎片化，并提出疑问，真正的国际政治冲突不是在这些领域之间发生吗，例如促进发展的利益与环境保护或自由贸易的利益之间的对立。非政府组织强化了这个趋势，因为它们是专门的组织，不同于政党（参见

① Martti Koskenniemi，“The Fate of International Law”，载 The Modern Law Review 70 (2007)，第 1～32 页。

49)——也不同于国家的政府。但是，民主政治不仅仅能够在事务专业化的统一体内发生。原则上，民主组织必须负责所有的问题。

141. 在国际法上，新的民主意志形成的论坛也是围绕冲突和程序形成的。人们对潜在的国际机构缺乏兴趣是因为这个印象：那里不会作出重要决定。即使这个印象是错误的，它也不容易被清除。然而，这个感觉能够在一定的政治时刻继续发展。在伊拉克战争以前，整个世界就是这样看待联合国安理会的。它的决定似乎立刻有了普遍意义，因而是可民主化的。这个世界有了共同的问题，有了讨论这些问题的场所。这样的事件给予人们的是全球民主意志形成如何产生的印象。关于某个问题的辩论引发了这个冲突将在哪里解决的疑问。在争论中，对适合该任务的机构的共同感知产生了。在这里，安理会是否做出了决定或者决定是
100 否被遵守是第二位的。事后看来，战争虽然没有给予安理会权力，但给予其权利。

142. “国际法的宪法化”指的仅仅是国际秩序的法律化，而不是国际秩序的民主化。宪法化在最近的国际法的讨论中是一个

重要的关键词。[①] 它描述了个人权利的意义在国际法上不断增加,国家行为越来越受规则约束。这些规则与国家意志对立,能够被独立的法院或法庭审查。因此,这个概念描述的只是国际政治的法律化。我们用宪法指称加倍的机制:只有那些使民主政治得以可能的法律化才是宪法化。宪法使法的创设民主化,使集体意志表达法律化,因此,这些能够是民主的(参见 96)。法律与民主之间的关联常常被忽略,使民族国家受制于规则似乎足以改善国际秩序——不论谁在什么程序中制定了这些规则。但是,太多的规则限制了国家的民主自我决定。它能防止冲突,也能产生冲突。这尤其体现在国际人权保护领域。

143. 国际人权保护应该将自己限制在文明的最低程度。文明的最低标准的实施,如禁止刑讯和种族屠杀,应该是国际法的主要任务。但是,如果基本权利调整公民之间的关系,它的形成就需要民主程序(参见 95)。这提出了一个问题:为什么自由应该在所有国家被统一调整?并不是所有的民主国家都必须以同样的方式处理言论自由与名誉保护或财产权的范围之间的权衡。在

① Jochen Abr. Frowein, "Konstitutionalisierung des Völkerrechts", 载 Berichte der Deutschen Gesellschaft für Völkerrecht 39 (2000), 第 427～445 页。

101 这里，法国人的看法与美国人的看法肯定是不一样的。人权公约将这个回旋余地嵌入它的法理中，并且承认，没有一个普遍的基本权利学说能够证立对这种问题的详细统一的解答。

144. 国际人权保护暂时只是通过国家民主这个中介进行。 联合国的人权制度即使在改革之后也是失败的。在这个制度中，各个威权秩序互相谋得象征的、政治的掩饰。[1] 这个错误的发展过程往往没有被清楚地揭示出来，或者从错误的人权理想主义出发，或者想要避免已经出现的糟糕状况。相应地，如果其中的民主基本上已经联合起来，如欧洲人权公约，区域国际人权秩序才能正常运行。在其他地区，这种法院无法对抗威权秩序。这也从经验上证明了对权利的民主理解，即已经提及的汉娜·阿伦特(Hannah Arendt)的观点：作为实践上最重要的权利，归属于政治共同体的权利赋予权利(参见 101)。只有在以人的承认为目的的共同体中，权利和法院才能对抗政治多数。

---

[1] 人们想起最近古巴、沙特阿拉伯或巴基斯坦等对以色列的谴责：General Assembly of the United Nations，Human Rights Council，Resolution No. 2/4，2006年11月27日，Supplement No. 53 (A62/53)，第6页以下。

145. 人道援助在概念上不同于人权保护。人权是根据政治机会实施的。它不是权利,而是特权。援助不幸的人是国际组织的重要任务,但在实践中,这个任务只有在一定的政治情势下才有可能。权利是对所有权利人都平等适用的自由领域。如果人权只是相对于弱国实施,它就失去了作为权利的地位。它是某些人的特权:他们偶然地在塞尔维亚而不是在中国被追究责任。这个论证不能反对援助。但是,这对于国际人权保护的正当化来说是一个核心问题,如果政治决定借助人权概念被解释为道德上的必要之举,另外,如果军事干涉因此应该被证成。如果人权在民 102
主程序中被书面确认,并被独立的机关实施,机会的观点就没有了存在空间。然而,如果人权只是对抗某些国家,但不对抗其他的国家,那么,它就失去了作为权利的地位,从施予个人利益悄悄变为证成干涉的政治套话。

146. 追究反人道罪首先是民主共同体自己的事务。以人权的名义从某个民主的手中夺走它对于自己的极权主义历史的处理权是不民主的。如果在皮诺切特(Pinochet)案中英国和西班牙的法官主张管辖权,这就以人权的名义剥夺了智利人自我决定中具有重要政治意义的部分。国际社会的这个合理要求——要看到独裁者因为反人道罪被惩罚——优先于与独裁者最相关的国家的自我决定。如果起诉所在国是被独裁者迫害的人所在国，那么，这在个案中可能是公正的。尽管如此，我们应该承认，这里存在交易，而且，民主秩序对待其过去的方式理应得到尊重。在这一点上，国际刑事法院的建立体现了双重的进步。首先，它让受害国追究责任，而且，它逐渐地使政治机会不再左右刑事追责。

147. 在国际领域，不可见的统治是由于柔性规则产生的。这些规则使统治与正当化分离。我们根本无法辨识许多在国际层
103 面产生的规则，它们是委员会的柔性建议。这些委员会无权制定约束性规则，它们拟定建议，然后被各国采纳。像经济合作与发展组织(OECD)这样的组织并不颁布规范。它们提供研究项目，如国际学生评估项目(PISA)，各国可以自愿参与；或者为国际税法的解释提供帮助。[①] 这里有什么问题？第一，披着专家的外衣做政治决定。在经济合作与发展组织的世界中，不存在决定，存在的只是正确的解决方案。这导致，一些规定(如现实必然性)被

① Christian Waldhoff, "Auslegung von Doppelbesteuerungsabkommen: Zweck und Rolle des OECD-Kommentars"，载 Steuerberater-Jahrbuch 2005/06，第161～178页。

预先植入国家政治，转化的责任不再由真正做决定的主体承担。国际秩序的世界由大量的这种公共的和私人的代办机构组成，它们发起项目，起草法律，当然，这些法律必须被国家接受。民主国家复制了国际组织预先为其规定的秩序，但这些——从教育标准到资本市场规则——无从辨识。这些组织背后又矗立着其他一些国家，大多是输出其模式的西方国家。在这里，在不可见的道路上还产生了一种单一的规制文化。国际组织拟定规制的蓝图。民主实验主义日渐衰落。像软件一样，相同程式化的政治制度陷入危机的可能性在增长。

148. 在关于国际民主的争论中，为了证成国际化，民主的标准被降低了。相反，应该认真考虑的是，在哪里民主正当化是必要的。平等主义的民主标准在学术讨论中经常被认为是过时的，因为，如果以它作为标准，国际领域中新的机构现象则不能被证成。因此，政治理论家越来越频繁地以顺应时代的名义提出民主的“新”形式或者干脆抛出“后民主”。它们常常放弃民主平等的要求，用听证取代参与决定，或者用产出、好结果取代正当化：[1]如 104

---

① Colin Crouch, Post-Democracy, Cambridge 2004.

果所有相关的非政府组织在决定之前可以表达它们的意见，或者，如果有能力的政府专家通过好的论证在解决方案上达成一致，就会产生民主正当化。[①] 这些或许是有用的机制，但与平等自由的秩序没有什么关系。围绕每个现象、以不再出现正当化赤字的方式建构正当化理论，可能并不是正当化理论的意义。这些机制（如上面提到的）按照其他标准能够得到积极评价，但它们并不因此是民主的。为什么人们能够不公开地放弃民主概念？更为重要的是，要进一步确定究竟哪些机制需要民主正当化（参见111）。

149. 民主应该是民主的联盟。所有的政治现实似乎都不符合这个概念上的论证。在极少情况下，民主的西方根据是否使民主自我决定得以可能这一标准挑选其盟友和对手。它也只是有选择地支持那些应该会带来民主制度的运动。西方对伊朗沙阿(Schah)的支持，对阿尔及利亚政权和沙特政权的支持，还有对土耳其当局的不信任，以及与威权的凯末尔主义(Kemalismus)之间的暧昧关系，还有西方以前在拉美或南非的对外政策，全都表达

① 例如 An-Marie Slaughter，A New World Order，Princeton 2004，第 203 页以下。

了同样的偏好:有利于一定的宗教文化和白人文化,或者支持贸易关系。吊诡的是,暴力民主普遍主义的推动者在这里恰恰不相信民主的可普遍化。[①] 但是,有人认为,这样的对外政策陷入了矛盾。与其说这是理想主义的,不如说是对不偏好民主的对外政策的短期性提出了批评。善与正确并不总是分离的,然而,西方的许多有利于威权秩序的选择似乎已经促使西方的对手走向极端化。 105

150. “民主国家的共同体”不是联合国的替代方案。我们应该以不利于民主国家联盟的方式抛弃几乎不可改革的联合国吗?这在美国有过讨论。乍看起来,这对于民主理论来说似乎是一个美妙的想法。如果所有的民主共同组织起来,那么,证立共同规则的正当化要比通常在国际法中容易得多。然而,随着这种共同体的建立,全球的政治冲突会立刻产生。在两极的政治逻辑中(参见 66),一方的名称即刻指称另一方,即不属于这个共同体的国家的联盟。就像我们已经看到的,这种两极冲突对于民主来说非常重要。但同时,它们——如果不应归入纯粹的冲突——以共同的论坛作为前提条件。任何一方不能取代为各方设立的论坛,

① 普遍性与可普遍化的区分,见 Christoph Menke/Arnd Pollmann, Philosophie der Menschenrechte, Hamburg 2007, 第 74 页以下。

所以，国家共同体不能取代联合国。政治同一性从动态的对立中产生。民主一方从自身创造出非民主一方。因此，什么都无助于世界民主化的实现。

151. 超国家的国际民主必须从平等主义的机构的方案开始。全球平等主义的机构，如世界议会，可能从一个没有人感兴趣的提议开始。如果一定的问题在这个机构中能被妥当决定变得可信，如果不能还原为民族国家之间的对立的政治对立在这个机构中产生，那么，它将获得政治意义。然而，这两个前提条件都很难实现，而且其实现遥遥无期。如果参与新机构的国家并不都是民主的，二者就碰到了特殊的问题。但是，它们同时指出了一条道
106 路。只有提出民主机构的方案，才能够产生民主意志形成。它是否被感知，这是另外的问题，但无论如何，从超国家的人民的缺位出发进行思考在概念上是错误的(参见 122)。

152. 暴力民主化的困境是民主革命的困境。自由不能被强迫。不通过自我决定的方式，自我决定是不可想象的。民主不是普遍可强制的，它只是为了那些想要民主的人准备的。我们不应强迫人们走向民主，尽管如此，我们是否可以帮助想要民主秩序

而没有得到它的人？民主的对外政策的困境是威权秩序中的民主革命的困境。[1] 美国革命中的牺牲是否已经被证成？像任何以幸存者证成牺牲的做法一样，这个问题似乎还有很大争议。尽管如此，我们还是向往不再是英国殖民地的美国。这个困境是正确的、民主的对外政策——在为民主而战的地方，既不能暴力输出民主，也不能在忽视民主——的困境。

153. 我们对国际民主的观察需要宽容(Geduld)，但不是相对
主义。民主结构的缓慢发展与我们的民主正当化的标准处于矛
盾之中。正确处理这个矛盾需要我们能够区分宽容与相对主义。
对国际组织的民主正当化提出一些不可执行的甚或适得其反的
要求是没有意义的。民主结构在它被要求的地方(参见 111)缓慢
产生，它总是产生于不民主的结构。但是，不能混淆宽容与相对
主义。从现实的观点出发，我们可能满足于不民主的状况。但 107
是，我们不应把它改称为民主的状况(参见 148)。我们必须忍受
民主规范和政治现实之间的矛盾，不能通过放弃我们的标准而轻
率地否认这个矛盾。 108

[1] Niro Krisch, "Amerikanische Hegemonie und liberale Revolution im Völkerrecht"，载 Der Staat 43 (2004)，第 267～297 页。

第九章　民主的苛刻要求

154. 我们具有民主传统，但我们对它几乎没有什么兴趣。魏玛共和国是一个现代民主，人们不能仅仅以它的失败来评价它。欧洲的许多在两次世界大战之间的民主都是如此。[①] 看起来，我们使之为国家社会主义负责，我们为之感到惭愧。但是，把民主之于对手的虚弱归咎于民主本身是否有意义？常常想起民主可能失败不是一件糟糕的事情吗？对于我们来说，关于魏玛共和国的知识并没有得到广泛传播——我们对待这个传统有自己的特点：在哪里人们能够记起第一部民主宪法的创造者胡戈·普罗伊斯(Hugo Preuss)？然而，我们在柏林中心区的罗莎·卢森堡广场上，在艺术家汉斯·哈克(Hans Haacke)设计并由国家出资建造的纪念碑上读到了卢森堡的名言。她把第一个在民主的德国自由选出的国民议会称为“市民革命幸存的遗产”和“没有内容的空壳”。魏玛共和国的威权主义的反对者肯定会赞同这个敌视议会的评价。至少，这个由国家资助的反议会主义的低俗作品非常清楚地表明了我们的民主传统的缺失。

155. 德国民主的最初状况是皇宫前的抗议。在美国，政治开

① Dieter Grimm, “Missglückt oder glücklos?”, 载 Frankfurter Allgemeine Zeitung Nr. 187 v. 14. 8. 1999, Bilder und Zeiten, S. Ⅲ.

始于建立了新民主的国会和会议。在德国，政治开始于限制君主国的努力。从君主制的状况出发，产生了在“右派”中颇为流行的奇特观点：在民主的外表下存在着真正的国家，国家等同于行政机关，而非议会或法院。从这个传统也产生了在“左派”中颇为流
行的观点：民主政治的自然形态是反对，保持批判性在政治上已 109
经足够。今天，这种看法尤其有利于摆脱每个人都负有责任的政治状况。为了不被这个想法影响，观察一下美国的民主制度总是有帮助的，即使有时候只是为了直面民主的苛刻要求。例如，美国人对联合国的普遍反感在我们看来是如此奇怪，从这里看到的拒绝——对我们不负有责任的组织不得对我们作出决定——是如此强烈。在我们这里，对美国媒体的批评是如此常见，而关于美国选民如何监督代表的表决行为以及他们的决定以什么为根据的报道是如此少见。在民主这件事情上，从美国那里能够学习的东西还很多。

156. 繁荣无法保证民主。在德国，人们常常认为，呼唤威权秩序、反对民主是贫穷与社会不平等的自然的因而可以谅解的结果；拒绝民主只是穷人的问题。魏玛共和国的终结被当成这个观点的证据，据说它是世界经济危机的结果。比较一下 1933 年的

德国和美国：同一个经济危机在美国造成的破坏不亚于德国。但是，美国人在1932年选择富兰克林·罗斯福(Franklin Roosevelt)作为总统。在困难时期是否转向不民主的统治，这首先可能是自己的历史政治经验的问题。但是，这也意味着，我们必须通过社会政策以外的方式维护我们的民主意识(参见105)。

157. 缺乏自由主义也就是缺乏民主。缺乏民主传统和缺乏
110 自由传统两者互相强化。如果“自由地”提出的要求以不自由的概念来表述，自由传统的缺失就变得很明显。谈“经济”问题不是自由的，因为，个体交易者的总和立刻又被并入一个共同的团体。谈“德国的经济区位”不是自由的，这恰恰是国家政治的概念，不是个人自由的概念。把市场的法律理解为我们不得不适应的命运，这不是自由的。把市场经济理解为可能性，尤其是自己的决定的结果，这才是自由的。为什么这对于民主来说很重要？因为，民主所依赖的是能够与民主平等相联系的个人的自我意识，而不是团体的自我意识。

158. 我们有责任向反对民主的人提供我们支持民主的理由，而非道德上的愤怒(Empörung)。如果我们互相承认为理性的存

在者对于民主来说是必要的(参见 15)，那么，我们必须通过提供支持民主的理由来承认那些反对民主的人。这不应被理解为天真的劝告：以语言反对暴力。刑法惩罚暴力，但是，“愤怒”这一习惯做法——在道德上不认同他人以及在政治上排除他人——无助于对抗反民主的观点。不再相信支持民主的论证的人——可能不情愿地——最终站在了相反的一边。

159. 道德主义与政治敏感性在民主中既无法取代论证，也无法取代政治冲突。罗斯福被他的反对者辱骂为纳粹。[1] 他没有向法院起诉。如果问题变大，争论会更激烈。对于所有人来说，这都是不愉快的，尽管如此，如果对民主的荒谬批评在民主中没有得到表达或者在实践上被排斥，那么，这对任何人都没有好处。同样，禁止从市中心开始的极端示威游行不过是短视的压制。一切必须放在桌面上辩论，而且，必须就这件事与所有人辩论。没 111
有这个苛刻的要求，就没有民主。

160. 政党禁止无助于民主。如果一个反民主的政党获得的

---

① William Leuchtenburg, Franklin D. Roosevelt and the New Deal 1932—1940, New York 1963, 第 67 页。

民众支持达到了值得注意的程度，那么，我们必须民主地与之斗争，不能假手于法院。民主证立了极端主义政党的成功，而司法禁令恰恰表明了对民主的怀疑：不再向人们的诉求开放，而是使自己独立于人们的诉求。通过司法程序，民主政治放弃了民主对抗，转移了它的责任。在这种情况下，将民主的敌人逐出公众的视野是一个错误的需求。只有反其道行之才能解决这个问题。

161. 为什么我们向往专家制的委员会共和国（Räterepublik）？民主政治对专业意见的需求在显著增长。没有什么理由反对政治咨询的扩张，它使民主决定专业化。它不能像无党派那样。美国的智囊团从一开始就表现为自由右翼的（libertär）、自由左翼的（liberal）或保守的，并推动实现一定的政治原则。与之不同，这里的咨询委员会假定，凭借事务上正确的答案能够超越信念和利益。但是，当分配负担或探究有道德争议的问题时，为什么应该有正确的解决方案？在德国，政治咨询的去政治化也是因为政党基金会的强大作用，后者唤起了对“中立”的意见的需要。然而，这并不是幸运的分工，因为它阻碍了民主计划的发展。“保守的”“自由的”或“社会民主的”在今天可能意味着什么？对这个问题的思考应该远离政党，不以结果为短期导向，或者不害怕丑

闻。政治咨询需要一个超越政党与技术统治的空间。 112

162. 基本法中的国家目标是不民主的。就像已经看到的或已经讨论的，一部宪法将动物保护或促进体育与文化确定为目标，而没有涉及其他的目标。这样的宪法或者造就了没有结果的文本，或者造就了民主决定的自我约束——这种约束是无法证成的。如果大规模的动物实验对于最近的传染病来说是必要的，如果关闭公共运动场对于最近的财政危机来说是必要的，那么，这些规定或者被正当地取消，或者被正当地忽略。就像没有行动力的民主机关一样（参见 74），宪法中的国家目标也被这一问题困扰：由于没有结果，因而夺走了这个秩序的一部分正当化。

163. 我们对全民公决的反感是过时的。全民公决扩大了民主意志形成，但是，它总是与具体的、可负责任的决定有关。全民公决的优点在于，它使所有人都负有民主责任。谁还会主张某个东西没有成功是因为其他人或者因为政治？全民公决不可避免地陷入与议会的竞争之中（参见 38）。但是，为什么竞争是不好的？它可能限制立法的系统性（Systematik），但能够提高人们对于民主政治的意义的意识。

164. 右与左是同样民主的或同样不民主的。从历史上看，民主在欧洲是“左派”的纲领，然而，美国的民主开端并不是这样，当代也不是这样。今天，许多源于“右派”阵营的运动看起来是民主的，例如美国政治对国际组织的批评、德国1968年的保守氛围对代议制民主机构的忠诚或者某个反精英主义的冲动。由于右与左的区分对于民主来说如此重要，所以，在这个区分之内，不可能
113 再有支持或反对民主的重要分类。这尤其体现在当前最重要的政治辩论，即国家的角色问题。从根本上说，国家到底是自由的促进者还是自由的威胁，民主必须对此持开放态度(参见23)。对威胁的来源持开放态度就是对右与左的区分持开放态度。

165. 1968年运动是民主吗？人们从1968年运动认识到民主的困境。社会民主化的计划可能被批评为威权的或精英的，但对于所有人来说，它也是政治解放的结果，包括那些不愿再回到那个时代以及事后抱怨的人。当然，向人们指明行为范围——它不以性别或社会出身为依据——对于民主来说非常重要。但是，从某一点开始，它过高地估计了民主政治，导致了无统治的梦想——这不可能是民主的梦想(参见21)。

166. 对国家象征过于敏感不是民主的美德。国歌和国旗不一定符合每个人的口味，但并不因此在民主上是可疑的。它们代表了民主冲突之上的民主共同性。在后极权主义国家，如德国、西班牙，与其说国家象征受政治影响，不如说它是“右的”。但是，这不是必然的解释，也没有更多的用处。无论对于放弃了有影响的象征的“左派”，还是对于希望体现象征性的整个民主秩序，都是如此。在为勃兰登堡门前的广场重新命名时，所有党派的代表都出席了。广场命名所根据的是德国历史上的三月十八日。这个日子曾发生了一系列的事件：1848 年革命、民主德国(DDR)第一次和最后一次自由选举。这个命名不是糟糕的历史政治妥协。但是，在这群出席者中，合唱与这些事件有关的国家的国歌似乎是不可想象的。

167. 民主教育首先要教导：能有其他选择。任何行为能力都有赖于对自己的可能性的想象。这个想象的正确性无法证明。当人们认为必须这样时，他能有其他选择，这个能力需要传授与训练。自己管理自己的事务，不同意专家和行政机关的看法，总体上说不同意其他人的看法。不相信这个能力，就没有民主。许多公民缺乏信心，这在议会中也表现得很明显。这个信心也是教育的问题。为此，必须在学校中开始自由的启蒙，因为在民主平等的条件下只能教育那些在其他条件下也可以教育的人。

168. 我们喜欢程序，直到我们知道结果。因此，我们会有疑问：选举不少吗？参与表决时人不少吗？他们知道应该对什么做决定吗？只要这是一场竞赛，这就是正常的，它是民主的一部分。但是，人们要学习对于程序的开放性的认识，而且，尊重程序——如果它很严格并使人们服从——是民主生活必需的态度。

169. 民主不具有“内部的统一”。从再次统一到移民的整合，德国的话语总在强调“统一”，而不是多样性。这可能意味着，“内部的统一”还没有实现，这也是人们所抱怨的。德国是一个社会差异、地区差异或政治差异较小的国家，但是，它总是对统一和同质性怀有持续的忧虑。这里呈现的并不是好的遗产。

170. 我们是一个卓有成就的民主发展中国家。第二次世界大战以后，我们成为一个在政治上和制度上都卓有成就的民主。
115 它将政府轮替和政治稳定结合在一起，在制度上创造或独立发展了许多卓有成就的解决方案，例如我们的选举法和宪法审查。但是，我们不能因为这些成就而忘记，我们的民主是多么年轻，它是在怎样有利的物质和世界政治条件下产生的。魏玛共和国存在了 14 年，基本法走了近 60 年，这个时间其实并不长。由于这个原因，我们不应该信任自己，首先是，不应该相信在民主这件事上我们能够教导其他国家。在我们的民主联盟中，主角不是法国、荷兰、美国、英国或者加拿大，而是卓有成就的战后民主，例如日本。

171. 对“政治”和“国家”的抱怨暴露了自己的专制国家(obrigkeitsstaatlich)的想法。我们应该不断地批评政治家。尽管如此，我们还得承认，他的政治也是我们的作品。我们总是对政治不满：太多的安全立法，太多的社会保障，太多的商店停止营业时间，太少的环境保护。今天在这里，将这些理解为政治的创造而非广泛需求——这些需求难以查明，这一点与在不完全的民主程序中是不一样的——的结果可信吗？在今天的德国，支持彻底限缩社会国或继续使联邦国防军现代化以及遵守世界上主导的气候保护目标或建设一流学校的多数在实施这些计划时会被政治体制阻碍吗？或者，这样的多数根本就不存在？如果许多人想要错误的东西，那么，这在民主共同体中就是我们自己的问题——或许我们所有人有时都想要这个错误的东西。对国家的抱怨其实表达了让他人为自己的命运负责的要求。因此，这种对国家的抱怨不是自由的。自由的是指，相信个人的能力，这仅仅意味着，相信自己的能力。如果国家只是允许人们做某事，人们
116 会愿意。指明这一点毋宁不是自我限缩，自我限缩不符合自由右翼的自由概念。

172. 没有什么理由支持民主未来会走向终结。1989 年之后那个令人失望的期待也不能说明什么。原本以为它将开启一个全球繁荣与普遍民主的非政治时代[①]。我们能够一直相信民主，直到它是有争议的。在没有政治争论的世界，不会有民主概念存在的空间。民主产生的历史并不是很久远：它的胜利零星地发生在至少 200 年前，但是，这个理念在第二次世界大战以及 1989 年以后才在全球变得成功。这与封建主义的长期性形成了对比。从平等的视角（本书的起点）看，民主终结的预测似乎并不可信。因为，一个不承认成员平等的政治秩序要求的很少。一般看来，民主最大的问题似乎还是，它太不民主。虽然总有一些政治目标

① Francis Fukuyama, The End of History and the Last Man, New York 1992.

反对民主，但它们都不是能够描绘出民主的替代方案的组织原则。

173. 许多对民主的反感缘于这样的受挫感：我们并不是独自生活在世界上，也不比他人更重要。我们希望获得我们的意志，但在民主中，与其说我们经常得到，不如说我们很少得到。与他人相比，我们与自己更亲近，但是，民主不是普遍地而是在重要的政治领域将我们还原为平等者，与笨人平等，与穷人平等。很容易可以看出，为什么民主有时候在那些自恃精英的群体中不受欢迎。但是，谦卑这一民主的苛刻要求也许并不只是在政治生活中才有用处。 117

致谢

这本书的构思形成于我在柏林高等研究院访问期间的 2007 年 6 月到 7 月。Patrizia Nanz 对我多有启发，并审校了全书。写这本书的想法由来已久；如果没有她，我可能还没有动笔。承蒙 Susanne Schüssler 信任，这本书得以在她的出版社出版。Marita Möllers、Michael Heinig 以及 Christian Waldhoff 细致地阅读了初稿并提出了许多建议。德国人民学术基金会社会科学院工作坊“国民/团体人民/地区人民/联盟人民——二十一世纪初民主理论的状况与批评”的参与者以及 Isabelle Ley 给予我很多启发，尽管这从书中可能看不出来。这也尤其适用于我在民主方面的老师 Oliver Lepsius。

译后记

这本书的作者克里斯托夫·默勒斯(Christoph Möllers)是柏林洪堡大学的公法与法哲学教授,也是我在柏林访学期间的指导老师。德国科学基金会在授予默勒斯2016年度莱布尼茨奖时,这样评价他的贡献:"他的作品展现了广阔的视域,从德国国家思想的理论与历史,到权力分立和民主理论,再到宗教自由和宪法审查。默勒斯从坚定的民主理论的视角思考公法的核心问题,拓展了对于民主的正当性理论的法律思考。他巧妙地将法律的、历史的、哲学的、规范的、政治理论的认识结合在一起。他的作品不仅仅为法学设定了新的标准,而且在社会科学和文化科学领域得到了广泛的认可。"这段话对默勒斯此前的工作进行了提纲挈领的总结,并敏锐地点出了民主理论在他的学术事业中的重要性。

在翻译默勒斯的另一本小册子《德国基本法:历史与内容》(中国法制出版社2014年版)时,我隐约觉察到,其举重若轻的言谈背后潜伏着一种民主敏感性。实际上,默勒斯的民主理论构成了他评判基本法的制度与实践的前理解，诚如德国基金会所言，他将民主理论带入对公法问题的思考。因此，在完成了《德国基本法：历史与内容》的翻译之后，下一个选择最好是这本《民主——苛求与承诺》。

默勒斯在这本书中采用了格言体的书写方式，他的前人尼采曾经把这种书写方式发挥得淋漓尽致。人们可能会希望“再详细一点”“再多一些论证”，的确，读者需要习惯这种书写形式。在这里，默勒斯的目标并不在于建立一种主线清晰的完备理论，他只是希望能够准确地为我们勾勒民主的轮廓，阐明民主的最小条件，呈现民主的边界与矛盾。173个论题既连缀在一起，互相之间又多有独立。就像作者所说，人们不必依着顺序从前往后阅读。这种看似松散的组织形式尤其适于间隙中的阅读。

很明显，默勒斯在这本书中表现出民主的捍卫者的姿态。但是，他并没有情绪化地在道德上排斥反对民主的人，而是躬行于理性的要求：我们（支持民主的人）有责任向他们提供支持的理由。他深信，无论出于何种动机，抛弃了民主的论证，就站在了民主的反面。民主在今天所遭逢的非难和指责在很大程度上归咎于民主认识中流行的偏见和错误的期待。因此，默勒斯在这里至少与道德主义的、法制主义的、民粹主义的、专家统治的、平均主义的、精英统治的、国家主义的和世界主义的、历史哲学的错误数次交锋。面对这些潜在的对手,默勒斯见招拆招,拯救被理想负累的民主概念,为民主的新生集聚智识和信心。默勒斯提出了一个最小化的民主概念:在参与者自由平等的条件下组织统治的承诺。因此,民主内含了自由人的平等政治:我们承认其他人像我们一样(在政治上)自由。就像他办公室中醒目的康德和凯尔森肖像,默勒斯也不忘在书中致敬他的前辈。他不讳言康德的平等主义民主理论对他的影响,同时,他也从凯尔森那里习得了民主对形式的需要。

这本书的翻译受惠于很多人。林来梵教授鼎力促成这桩译事。他独具慧眼,首先发现了这本书的意义,并将这本书连同我(作为译者)一起推荐给清华大学出版社。林老师的鞭策和鼓励使我对翻译工作不敢有丝毫倦怠。默勒斯教授对一些论题的再阐释,使我豁然开朗,几欲中断的翻译工作也柳暗花明。在柏林期间,Michael von Landenberg-Roberg 与我分享了阅读这本书的心得,使我建立起对这本书的基本理解,他还热情地帮助我解决了不少疑难问题。在初稿完成后,我就全书中一些重点词句的翻译,征询了刘刚的意见,他的建议使译文增色不少。陈征、柳建龙、李忠夏、泮伟江、王锴、谢立斌、喻文光、张翔、张龑等师友在不同场合给予的提示和解答，澄清了我在翻译中的不少困惑。中央财经大学法学院的领导和同事营造了宽松、愉悦的工作环境，使我可以全身心地投入到这项学术工作中。家人对我的工作的理解和支持，是我奋然前行的不竭动力。歌德学院（中国）慷慨地为本书提供了翻译资助。没有这些关心、支持和帮助，这本译作的完成是不可想象的，在此表示衷心感谢！

我还要感谢我的导师李树忠教授和韩大元教授。他们给予我学术生命，引导我步入学术殿堂。在这本书的翻译完成的时刻，我情不自禁地回望起点。他们的言传身教已经渗透进我的每一项学术工作中。

这本书讲述的是"民主"的故事。在此议题上，默勒斯谙熟各家学说，于纷乱之中纵横捭阖，文思敏捷，大开大合。由于译者的视野、水平有限，译文中的疏漏、错讹在所难免。诚请各位读者朋友不吝赐教，我的邮箱是 zhen. zhao@foxmail. com。

赵真

2016 年 12 月于北京